好的养育

Good Parenting

孩子优秀 在妈妈的细节里

小小包麻麻
—— 著 ——

GOOD

PARENTING

"妈妈"这两个字一定有着神奇的魔力,让你我生出无限的力量

好的养育

GOOD

PARENTING

自 序

好 的 养 育

PREFACE

大家好,我是"小小包麻麻"公众号的创始人,读者们喜欢叫我"包妈"。

我有两个可爱的儿子——外冷内热的天蝎小小包和热情的小狮子迷你包。

当妈妈之前,我的经历其实挺简单的。大学毕业后,在一家数码公司负责运营,一个人撑起一个论坛,成为混在男生堆里的理工女孩;后来拥有了一份自己的IT小事业。是个爱穿10厘米高跟鞋,喜欢数码产品评测,乐天心大的北京大妞。

没当妈的时候,也不觉得当妈有多难。但当了妈之后,特别是有了我们家这个高度敏感的哥哥之后,我悲催地发现之前的人生经验都失灵了,如同走进了一个浩瀚陌生的平行宇宙,我的世界完全不一样了。

孩子第一次发烧,我手忙脚乱,根本不知道该怎么应对。上网去查,冲到妈妈群去问,后来才知道是幼儿急疹,烧退疹出,是抵抗力的一次提升。原来发烧还成了件好事?!

除了手足无措,养娃的前几年,我还觉得自己挺失败的,不知道自己做错了什么,为什么我的孩子这么难带?

就说我家哥哥吧,我发现他从小就跟别的孩子"不一样"。

小时候,没正经吃过一顿饭。我研究辅食工具,钻研食谱,看人家孩子喜欢吃什么,就赶紧做给他吃。但最后往往只是我自己享受其中,他并没有。

第一次上早教课,别的孩子都活泼好动,只有他呆呆地站在一旁。

第一次参加亲子运动会,孩子们都积极参与,他却因为害怕比赛,全程在哭。

每次去学校开家长会,我都特别难受。活动中不举手,照片里永远见不到人的那个孩子,就是他。

我该怎么办呢?

迷茫的我一头扎到堆成山的育儿书里。当全职妈妈的前三年,我读的书可能比上学那么多年读的还多。别人看郭德纲的相声跨年,去台北101大楼跨年,我这么爱热闹的一个人,在被窝里左手搂着孩子,右手抱着育儿书跨年。

慢慢地,我发现通过正确的方法,其实是可以解决那些让我迷茫的问题的,哥哥的变化肉眼可见。

刚上幼儿园的时候,由于家里没有英文语言环境,哥哥学英语吃力,不爱交流,现在已经讲得很流利,出国旅行,他会主动和老外沟通。

怀二宝的时候，担心哥哥性格敏感，弟弟的到来会对他有不好的影响。而现在所有人都羡慕兄弟俩和谐友爱的关系，一个是"宠弟狂魔"，一个是哥哥的"忠实小迷弟"——这就是我家的日常情景。

刚上学时，哥哥不敢上台演讲，现在的他开朗、乐观、自信，在学期结业典礼上，给全班同学来了一段帅气的架子鼓演奏。

以前给哥哥报兴趣班，老母亲要给自己做半天心理建设，因为十有八九会被他拒绝。现在每次试听新课程，他都兴致勃勃想要尝试。

在我们这对创业父母不能辅导他功课的情况下，老师说他是全班进步最大，作业完成得最好，上课回答问题最积极的孩子。不排除老师"过奖"了，但这一切进步都是他自己努力取得的，我和爸爸真的为他骄傲。

这一切的改变也让我放下焦虑，重拾信心，重新找回了自己。

我觉得这些经验是特别珍贵的，比大道理更管用，也是大部分妈妈都需要的。

特别是在养育哥哥和弟弟的过程中，我发现养娃根本就是打怪升级，没有尽头。

弟弟出生后，吃饭、睡觉都是"天使牌"的，梦里都在笑。这个小暖男说的每句话都像熨在你心里，让人那么舒服，跟"毒舌"哥哥相比，真是一个天上，一个地下。我想这一定是上帝可怜我，送个天使弟弟来慰劳我。

而随着弟弟上学，他的慢性子，以及中文优秀，学英语迟迟进入不了状态的麻烦，又让哥哥自律、专注的优势显现出来了。这让我不禁感叹，每个孩子都是独一无二的，需要不同的养育方式。这方面的经验，我也会在书中跟大家详细分享。

很多人说，当妈后常常陷在焦虑的情绪里。其实我和大家一样，难免会焦虑。毕竟我生活在牛娃聚集的大海淀，又是忙到飞起的创业妈妈。

在哥哥开始上小学，弟弟上幼儿园的关键时期，我却不得不频繁出差，陪伴他们的时间一下子变少了，这一切都糟糕透了。

作为一个喜欢孩子的人，半年时间都不在国内，不能陪伴孩子，我是非常焦虑的，特别担心他们不再需要我。

平衡工作和生活是不存在的，焦虑只能雪上加霜，我该怎么办呢？

我选择把精力花在自己能影响的事情上。我不断学习，从底层去理解孩子，读懂孩子行为背后的原因。慢慢地，我从一个抱怨型妈妈，变成了一个去发现孩子优势的妈妈，知道了怎么去鼓励他们，怎么跟他们沟通。

高质量的陪伴，特别是高质量的沟通，让一年飞地球9圈的我和儿子们更亲密了。每天早晨，我都是在兄弟俩的亲亲和"腻歪"中幸福地醒来的。

他们喜欢和妈妈聊天，一起跑步健身。我也喜欢趴在地上，披头散发地做他们的大马。遇到困难时，我是理解他们的妈妈；嬉笑打闹时，我是他们的同龄玩伴。

他们也理解父母的忙碌，知道自己的事情要自己负起责任。哥哥小小年纪，在管好自己的同时，还帮忙照顾弟弟，辅导弟弟的功课。他们不是学霸，也不完美，但他们良好的教养，对这个世界的善良、勇气和爱心，都让我骄傲。

曾经的糟糕日子都挺过来了，我想说没有最糟糕的事，关键是怎样去对待去解决。我这种情况的老母亲和难搞的娃都可以做到，你们肯定行！

有了孩子后，我还意外地拥有了新的事业。

我做新手妈妈的时候，很多育儿问题在网络上是找不到答案的。

比如买车，我们知道买汽车就是选那几个好的品牌，但孩子的推车，没有人告诉你该怎么选。

比如宝宝吃饭，选什么样的辅食，什么样的餐具，什么样的餐椅？里面的学问可太大了，但没有人能给你答案。

偏偏我是个母爱泛滥的巨蟹座妈妈，孩子成长路上的每件小事我都关注，都想搞明白。我把以前用在评测数码产品上的精力，都用在了评测母婴产品上。

于是，鞋子，我买回了 200 双；

辅食工具，淘回来 100 件；

买推车的钱，用亲戚的话说都够买一辆"大奔"了……

骨子里的较真劲和"产品控"的天性，在母爱的催化下尽情释放。

我摸索了很多很土但简单有效的测试方法，从奶瓶、尿不湿、餐具、牛奶、蜡笔到洗衣液……一路把评测做到了电视台。

一边研究，一边把心得整理成文字，分享给需要的妈妈们。慢慢地，越来越多的妈妈到我这里寻求帮助。

喜欢码字的我决定开一个公众号，把产品评测、育儿心得记录下来并分享出去。

2014 年，小小包 31 个月，迷你包在我肚子里 7 个月，"小小包麻麻"公众号作为我的"三宝"出生了。

做这份小事业的感觉和养孩子一样，一切都是新的开始，需要付出很多心血。每篇文章，每个开团的产品，对我来说不再只是凭个人喜好，更是一份沉甸甸的责任。

随着被越来越多的妈妈认可，我也越来越忙，一年被几十个世界 500 强品牌商邀请去考察，去年一年飞行总里程相当于绕地球 9 圈。

很荣幸，我成了世界品牌商和中国妈妈之间的桥梁，把好的产品介绍到中国来，把妈妈们的需求传递到世界各处去。我的很多意见被品牌商采纳，加入产品升级改进中，很多产品因此更好地解除了妈妈们的焦虑。我觉得自己的辛苦和付出都值了。

去年，我走上了戛纳红毯，登上了福布斯中国母婴意见领袖榜单。

很多人问：你是怎么做到的？

我说：因为我是妈妈。

我常想，"妈妈"这两个字一定有着神奇的魔力。它轻易改变你根深蒂固的习惯，带给你前所未有的体验，让你经历人间至痛，也让你品味到世间最深沉的爱。

因为这份爱，我们生出无限力量，一把年纪还像孩子一样，奔跑在成长的路上，乘风破浪。

有人说：上帝并非无所不在，所以创造了妈妈。平凡的你我，做的是神一样的工作呀！

因为那声奶声奶气的"妈妈"，我们从娇滴滴的小女孩，成为披荆斩棘的女战士。

我们打怪升级，脱胎换骨，成为孩子心里无所不能的超人，也成为更好的自己。

养娃这条路上，让我们抱团取暖，一起成长。希望每个妈妈都能够放下焦虑，科学育儿，快乐带娃。

爱你们的包妈

2020年9月

目录

GOOD PARENTING

好的养育

CHAPTER 1. 第一章
有边界的自由，有规矩的放手

有边界的自由，有规矩的放手 /016

搞定磨蹭娃，尊重孩子的节奏 /020

做个深藏不露的"懒妈妈" /026

被打了，要不要打回去？ /033

孩子开始撒谎了？好事！ /038

设置家庭积分制 /043

希望孩子敢想敢争取？先做到这一点！ /048

让孩子养成受益终身的阅读习惯 /053

CHAPTER 2. 第二章
有效的亲子沟通直达孩子的心

管教应该是温和而坚定的 /068

怎么读懂高度敏感孩子的心？ /073

你在"欺负"孩子，还不自知 /085

建立更棒的亲子关系，只需一个动作 /090

不被比较的孩子，才有机会做自己 /095

家有输不起的孩子，怎么办？ /098

不吼不叫，让孩子"听"你的 /104

张口就来的表扬，没用！ /110

坏脾气会传染 /114

CHAPTER 3. 第三章
成为更好的自己

妈妈也是第一次当妈妈 /122

进击的全职妈妈生活 /135

不做旁观妈妈，和孩子一起解锁技能 /141

工作繁忙，却和孩子更亲了？ /152

哪有超人妈妈，时间管理了解一下 /159

最该富养的人是谁？ /168

你若足够优秀，孩子自会精彩 /183

CHAPTER 4. 第四章
你的家胜过天价学区房

忙爸爸也能是好爸爸 /196

做了父母,也别忘了相爱 /214

婆媳关系,七个字搞定 /224

当着孩子的面吵架,伤害究竟有多大? /233

榜样的力量 /239

要不要二孩? /245

当你决定要二宝了 /260

CHAPTER 5. 第五章
原生家庭的滋养让孩子受用一生

陪孩子一辈子,被记住的只有几个时刻 /274

父母是孩子最大的运气 /285

有怎样的童年,就会成为怎样的父母 /290

有趣的灵魂比成绩更重要 /293

亲历世界各地的家庭教育 /297

GOOD

PARENTING

好的养育

GOOD

PARENTING

好　的　养　育

CHAPTER 1.

第一章

有边界的自由，
有规矩的放手

有边界的自由，有规矩的放手

我身边有一位这样的妈妈，步步不离娃，事事不放心，对孩子在生活上过度保护，不敢放手。宝宝三岁了，不会自己上厕所，不会自己穿衣服。在看到同龄宝宝被训练着独立吃饭、独立穿衣后，她特别惊讶地问："三岁就学习独立啊？"

而与之形成鲜明对比的是，在孩子的规矩方面，她又一味放纵与妥协。不同意给孩子吃冰激凌，孩子躺下耍赖，她就妥协。连她自己都说："我应该是一个很容易妥协的妈妈吧……"

这样的育儿问题，在很多家庭中简直太常见了。

在教育孩子的问题上，我们常常感到困惑：管得太多，孩子就过分依赖家长，缺少独立性；索性不管吧，又担心孩子失去家长的监督后，为所欲为，甚至误入歧途。

其实育儿就像放风筝，只有放手才能让风筝飞起来。与此同时，我们手里一定有一根线牵着风筝，时拉时放，这样风筝才能越飞越高。

如果把这根线剪断，那风筝不会飞得更高，反而会一头栽下来。教育孩子就是如此。不放手，孩子永远长不大飞不高；太放纵，孩子必然飞不稳，还要认栽。

问题是，在什么时候该拉一拉，在什么时候又该放一放？

蹦蹦床上的答案

在儿童游乐场的蹦蹦床上,我找到了答案。

常看到不少家长围站在蹦蹦床周围,眼睛紧盯着自己的孩子,认真地"指导":

"你轻点跳,别撞着小妹妹啦!"

"你往中间跳,边上有缝,别掉下去!"

"哎哎哎,没看到旁边小朋友摔倒了吗?你还跳!"

"都跟你说了在中间跳,你还跑边上去!"

…………

当然,还有一些家长非常放心,麻溜地把孩子送进蹦蹦床里,立马找个能坐的地方玩手机去了,一脸如释重负的样子——"熊孩子终于可以自己玩会儿了,我也能清闲点"。

如果我说这两种家长都有不足,估计立马会遭到反驳:"我要是不管,孩子碰着磕着了谁负责啊?万一撞到别人,又该说我没管教好了。"

抑或是:"我这是给孩子自由的空间,家长不是要学会放手吗?"

多少家长以"养不教,父之过"的名义,如影随形,把孩子管得太严看得太死;多少家长以"孩子快乐就好"的名义,偷懒怠惰,对孩子一味放纵,不负责任。

正确的做法是家长先观察这个蹦蹦床到底有什么危险,然后在孩子进去玩之前用简单易懂的话告诉他都有哪些危险,并与孩子"约法三章":

1. 与别的小朋友保持距离,不要碰到他们,别的小朋友离你太近的时候,你也要离远点;

2.不要在边上有缝隙的地方跳；

3.在别的小朋友摔倒起不来的时候，你要停一会儿，等小朋友起来你再跳。

如果你做不到，妈妈就只能抱你出来，不能再让你跳了。

你能做到吗？

与孩子拉个钩钩，再把他送入蹦蹦床。

然后家长要在旁边看看，但别总是紧张兮兮地不停给予指导，孩子会知道该怎么做。

契约精神

如果孩子做不到，那就要有"契约精神"，告诉他，因为你没遵守约定，所以妈妈必须按照之前的约定把你抱出来。不心软，不妥协，契约就是契约。

久而久之，孩子自然会知道危险在哪里，规矩是什么，不遵守约定会怎样。

给自由不要紧，提前讲好兑现自由需要注意的危险，需要遵守的约定和需要承担的后果。父母和孩子都要有"契约精神"，契约如果被打破，自由就要被收回；只要不打破契约，该自由自由，该放手放手。

比如教孩子管理好自己的时间，一个小学生晚上可能要吃饭、洗澡、写作业、练钢琴、看动画片、读睡前故事，如果家长完全让孩子做主，想干什么干什么，想怎么干怎么干，估计他一晚上哪一样也做不好。

很多练琴的孩子就是因为时间安排混乱，一天不练，两天不练……一直拖到不了了之。如果家长全程跟着、陪着、指导着，自己的时间在哪里？孩子的独立性又在哪里？

所以，家长可以先和孩子一起制定时间表，安排好事情的先后顺序，规定达到什么程度可以奖励，比如按时保质完成作业，可以奖励看20分钟动画片；约定好如果做不到哪一项，会有怎样的后果。跟孩子讲好，父母的责任是到了时间节点提醒你做什么事，陪你做哪一项任务的哪一个部分，其余都由孩子自己安排。

最重要的是，父母和孩子要在时间表上签字承诺，增加仪式感，并严格按照这个契约行事。

等孩子足以掌握这个时间表，并独立地做好所有事情后，父母大可放手，让孩子自我管理。

当然，孩子在自我管理的过程中，总会有些反复。父母要多观察、少说话，但必要的时候必须予以提醒。比如孩子完全进行自我管理之后，渐渐变成了练琴10分钟、吃饭一小时、写作业半小时、看动画片一小时，这时父母就应该出手提醒了。

包妈碎碎念
FRAGMENTARY
THOUGHTS

> 子曰：从心所欲，不逾矩。
> 爱，要有界限；自由，要有边界；放手，要有规矩。
> 任意恣肆不加控制，带来的必然是疯狂和毁灭；爱到密不透风没有空间，带来的必然是叛逆与反抗。

搞定磨蹭娃，尊重孩子的节奏

"起床，起床，快起来！去洗脸，去刷牙，记得梳头！这是你的衣服你的鞋，有没有在听啊？！……"

美国女演员安妮塔·兰弗洛将自己催促孩子的话写成了歌。

听完这首《妈妈之歌》，我忍俊不禁：原来全天下的妈妈唠叨起来都是一样的！

瞧！你越催，孩子越慢

这样的状况，你有没有经历过？

马上就要出门了，孩子拿着鞋半天穿不上，好不容易穿上了，觉得不舒服又给脱了。

吃饭时，拿着勺子吃一会儿玩一会儿，对着水杯吐泡泡，再发会儿呆。

9 点开始催他上床睡觉，10 点能躺下就不错了，还总是特精神。

干什么都磨磨蹭蹭，好像故意跟你唱反调。

"快点！别磨蹭了！"你是否经常会对孩子说这样的话？

自己急得怒发冲冠，孩子依旧岿然不动。

妈妈的音量日益增强，一堆大道理对着孩子叨叨，孩子不仅不听，抗击打能力反而越来越强。

你越催，他越慢。

这种时候，除了默念"亲生的"，好像也没有其他办法。

为什么孩子越催越慢？从心理学上讲，过多催促孩子等于在否定孩子，暗示他"你自己做不好，必须经过我提醒"，这样的方式孩子是很难接受的，即便接受，也心不甘情不愿。

看到孩子一脸抗议的表情，大人会觉得自己的威信受到了质疑，因为接受不了这种挫败感，所以会继续命令或者威胁孩子。

在看到大人情绪不稳后，孩子会开始紧张，本来他只想着完成穿衣服或者刷牙这件事，而现在他的注意力开始分散，试图应对大人的情绪，甚至在紧张之下会更慢，更容易出错，而很多家长会认为孩子根本就是故意的。

其实想让孩子别那么磨蹭，最有效的方法是家长先管住自己的嘴，实在管不住，可以试试把自己催促的话录音，感受一下催个不停的自己有多烦。

所有的改变，从学会尊重孩子开始。

尊重孩子的节奏

静下心想想，孩子拖拉的后果真的有这么严重吗？还是主要是我们自己在害怕？"你再拖拉，我也要迟到了！""一堆处理不完的工作，我没有时间陪你耗！"

我们害怕自己承担不好的结果，更害怕自己的节奏被打乱，所以很多时候，我们习惯于不断去催促孩子来适应我们的节奏，只是我们忘记了孩子也有自己的节奏。

我们觉得自己吃饭只需要十几分钟,所以希望孩子也能在这个时间段内吃完,当看到孩子慢悠悠地举起小勺子,捡起掉在饭桌上的米饭往嘴巴里塞,一粒、两粒、三粒……我们就按捺不住了——"别捡了别捡了",或者干脆拿勺子把饭快速地往孩子嘴里塞,看着他大口大口地咽下,异常满足。可是,我们忘记了,孩子明明可以靠自己吃完饭的呀!

虽然他会慢一点，但这是属于他自己的节奏，是最适合他，最让他感到舒服的生活节奏。你的代劳会打破和谐的节奏。当他以后有了"反正爸爸妈妈会帮我做"的想法后，你能怨谁呢？

孩子自有他的生活节奏，让孩子根据自己的节奏去吃饭、穿衣、游戏吧，因为这些他亲自去体验才能学会，是旁人催促不来的。

他会乱涂乱画，但在信笔涂鸦中增强想象力和创造力；

他会笨手笨脚，但在劳动中掌握精细动作，从而具备独立完成任务的能力；

他会犯点错误，但经历过失败才不会在同一个地方二次摔倒……

恰恰是这些让孩子获得新技能，体会到成就感。所以，此时的慢换一世的轻松，又有何不可呢？

有些妈妈说，让我看着孩子动作缓慢还不催，我内心会焦急不安。

如果非要说，在言语上，我建议用表扬代替催促，因为鼓励奖赏总是更容易被人接受的。比如，叫孩子起床，你可以提前10分钟，让孩子在自己的节奏中慢慢醒来，然后给予微笑：

"宝贝，你比昨天进步了。"

"很好，今天居然不用妈妈提醒你第二次了。"

一句简单的话，传递的是认可和表扬，让孩子的成就感和自信心提升，因为渴望得到认可，孩子自然而然就会快起来了。

感谢你的小蜗牛吧

都说父母是孩子的老师,其实,孩子更是父母的老师。还记得我们在孩子生命的最初阶段,都只是希望他健康平安。可随着孩子长大,我们的功利心却不停地增强。怕孩子输在起跑线上,着急地让他念诗歌、认字,上各种兴趣班,希望他长大有出息。

我们到底在急什么?对孩子不可拔苗助长,况且,人生是一场马拉松,如蜗牛般慢速前进又何妨,笑到最后才是真赢家。

可能是因为置身于这个快节奏的社会,我们习惯于步伐匆匆,然后也督促我们的宝贝快一些快一些再快一些。我们嫌弃他走得慢,埋怨他穿个鞋磨磨蹭蹭,对他迟迟不肯起床表示不满。

于是,我们愤怒了,怒吼了。我们拉他,扯他,甚至有时还忍不住打他。我们的孩子被我们拖着赶路,气喘吁吁,伤痕累累;而我们自己也身心俱疲。

可是,受再大的委屈,孩子好像依旧会努力地笑着,开心地跳着,孩子真是我们看到过的最可爱的人啊!

作为这个世界的初来乍到者,孩子用自己的细腻望闻问听,观察着思索着,不紧不慢地成长着。这一路和孩子走过的日子,虽然也有被气得崩溃和失去耐心的时候,然而,孩子也在不知不觉中向我们展示生命最美好的一面。只是,我们的脚步太快,快得忘记了欣赏。

哪一天,试着和孩子一起放慢脚步。或许,我们会超然享受孩子带给我们的生命体验。可能是因为发现路边的一只流浪猫而惊喜万分;可能是因为被孩子夸了一句而自信心爆棚;可能是因为陪着孩子一路成长,让我们重温了一回童年的美好。我们也终于明白:

不要因为速度太快而错失沿途优美的风景。不要因为我们的焦灼催促而让孩子变成一只流泪的蜗牛。好孩子，一定要慢养。笃定地告诉他：宝贝，慢慢走。

给孩子一点时间，也是给自己一点时间，我相信，这样成就的会是我们彼此。最后，感谢上帝，派了这么一只独一无二的小蜗牛，来牵我们每个人的手。

包妈碎碎念
FRAGMENTARY THOUGHTS

几年前，初为人母，读到张文亮的《牵一只蜗牛去散步》，甚是感动。如今，每每翻看，依旧特有感触。有没有觉得养孩子就像带着一只小蜗牛在散步，任凭我们怎么催促，他依旧慢慢地走着？

慢慢地，给孩子一点空间，也给自己留一点时间，跟从蜗牛的脚步，成就的将不只是孩子，还有看见沿途最美丽风景的你。

做个深藏不露的"懒妈妈"

先说个故事吧,我一个闺密的舅妈,40岁出头的时候才要孩子,然后历经千辛万苦生了个女儿,如今孩子上小学六年级。

小姑娘是典型的衣来伸手、饭来张口的孩子,早上迷迷糊糊被催起床的时候有人帮她穿衣穿鞋,吃早饭的时候有人帮她有条不紊地整理好书包,晚上做作业的时候也有人边陪读边往她嘴巴里一口一口地塞水果,这个人就是她妈妈。

有一天晚上,妈妈不舒服躺在床上,还不忘提醒女儿该洗漱了。不一会儿,孩子气冲冲地跑进来问:"妈,你今天都没给我挤牙膏,我怎么刷牙呀?"特别理直气壮。看着孩子气呼呼的模样,妈妈也彻底吃了一惊。

在对待孩子的教育方面,我们都倡导言传身教,但如果言传身教到大包大揽的地步,效果可能就未必好了。

学会"慢半拍",让孩子去尝试

身为父母,我们总是低估孩子,认为他们弱小、无能,依赖父母照顾。可是,他们以惊人的速度学会了很多本领。如果妈妈愿意用信任来等待孩子,不随时代劳,孩子的表现会大大超出我们的预期。

朋友是一个很有办法的妈妈,儿子毛豆一岁多就会剥鸡蛋壳了。某一天,她发现毛豆把煮蛋在桌角磕破,等着大人剥给他吃。朋友灵机一动,让爸爸和奶奶都不要出声,各忙各的。毛豆嚷了一会儿,发现没人可以求助,就用小手一点点把鸡蛋壳抠开。第一天只剥了四分之一。第二天,朋友如法炮制,装作有事在身,不能帮忙,毛豆就接着用手抠鸡蛋壳。一个星期下来,基本上能够把一个鸡蛋剥得光光滑滑的,放嘴里吃。

扣扣子、穿鞋子也都是如此。

很多家庭,孩子出门的时候,恨不得一人拿外套,一人系鞋带,就像皇帝出门,贴身侍卫们前呼后拥。这样的孩子学会生活技能的时间往往要比别的孩子晚好多。

其实,出门时,可以把衣服放在旁边,当孩子喊我们的时候,学会慢半拍,给他自己穿衣服的机会。可能这件事早就在他的能力范围内了。

要知道,孩子从出生起,就有照顾自己、保护自己的本能了。一个好妈妈,无须满足孩子的所有要求。当孩子尝试去做他想做的事情时,父母要缩回保护的双手,慢半拍,多给他机会去尝试,甚至去"试错"。

试着放手,让孩子自己去做,也许你会发现:

原来,洗袜子并没有那么难,肥皂的泡沫五彩缤纷,折射了孩子开心的脸;

原来,做手工也没有那么可怕,孩子没有被剪刀划伤小手,那个折痕略弯、七歪八扭的小车被珍藏在"宝箱"里;

原来,不是只有大人能做旅行攻略,孩子的行程计划里埋藏着无数的宝藏。

…………

这所有的一切都是那么美好,那么有趣。

避免过度保护

我见过一些老人,对孩子保护得滴水不漏,但凡孩子有一丁点"危险"的举动,就赶忙制止:

孩子刚拿起个杯子,就抢过来说:"别动,摔了扎手手!"

杯子里接满热水,宝宝刚走到杯子旁边,奶奶马上大叫"别碰",然后冲过去抱起孩子。

孩子刚抓个拖把,又说:"哎呀呀,快放下,脏死了!"

孩子想尝试从一层台阶上跳下来,结果奶奶看到了,马上冲过去把孩子抱起来,然后大喊:"吓死我了,太危险了!"

有时孩子跑得远了那么一丢丢,又大惊小怪地嚷嚷:"再乱跑,一会儿就被坏人抓走了!"

…………

这种行为有下面几个负面影响:

● 孩子可能会受到惊吓

这是最直接的影响,宝宝可能都不明白怎么回事,直接就被喝止吓哭了。长此以往,孩子就会觉得这个世界到处都是危险,而不敢去尝试和探索,变得"胆小"起来。保护孩子没有错,但成长是孩子自己的事,我们也不可能保证他们一辈子都不受伤害啊!

● 好奇心没被满足,导致更严重的后果

我家小小包对暖气很感兴趣,很想摸摸看,我告诉他很烫,但是他一脸不信的样子,我就和他说:"你轻轻试试,真的很烫哦!"

结果小家伙非常非常小心地轻轻摸了一下,然后发现确实是热的,就再也不碰暖气了。

比如上面说到的热水,妈妈完全可以先倒半杯凉水,然后再倒一些热水,在保证安全的情况下,满足宝宝尝试的欲望,让他们知道这些东西真的很烫,不能碰。这比单纯阻止好得多。因为你不可能一直盯着宝宝,如果他们在你不在的时候,出于好奇心理自己尝试,反而会更危险。

其实,只要保证在一定的安全范围内,该放手就放手吧,没有不摔跤就能学会走路的孩子,成长都是磕磕绊绊的,不要再以爱之名去限制孩子对世界的探索,害了孩子而不自知了。

永远不要低估孩子自身的能力

有个很有意思的现象:孩子摔倒了,妈妈以最快速度冲过来,把孩子抱起来,看看有没有哪儿磕着碰着了,有没有流血受伤⋯⋯孩子哇哇大哭,妈妈心疼得掉眼泪,别人看着心里也都是酸酸涩涩的。

其实,如果家长不在身边,摔倒的孩子大多都能自己爬起来,然后继续玩。

永远不要低估孩子自身的能力。摔倒了,爬起来,再摔倒,再爬起来⋯⋯他们比你想象的要坚强,从不缺少面对挫折的勇气。

很多妈妈非常勤劳,在生活中大包大揽:从早上开始,帮孩子穿衣服、洗脸、刷牙,吃的放在眼前,甚至一口一口喂⋯⋯每一个小小的行动上,都饱含着母亲对孩子的爱。但你可能没想到,这种爱却是孩子成长最大的阻碍。

从现在开始，对孩子说"不"

● 不包办：增强孩子的生活自理能力

在报纸上看过一则新闻，说是因为妈妈太"勤快"，大学生吃面竟然不会自己拌！我脑中浮现出这样的画面：宝宝一岁多的时候对自己吃饭感兴趣，可是手眼协调不好，吃得满地都是，妈妈看不下去了，"弄得满地都是，妈妈来喂你吧，你还小，不会自己吃"；到了孩子四五岁的时候，妈妈还一口一口地喂，"他吃得慢，我怕他吃不饱"……

妈妈习惯了包办孩子的一切，不管孩子多大，在她们眼里都是小孩，必须把孩子从头到尾照料得妥妥当当才放心。她们时时刻刻都很忙很累，而她们的孩子也习惯了饭来张口、衣来伸手，自理能力得不到提高。

宁可收拾三个月残局，也不要喂三年饭。其他事情也一样，妈妈可以先指导，然后在旁边安静地看着孩子做。

宝宝想扣纽扣，小手笨拙，多给他十分钟又怎样？宝宝想帮忙做家务，帮了倒忙可以再洗再整理嘛，最重要的是孩子做了自己感兴趣的事情，很多行为和操作能力都得到了发展，他们也会更独立自信。对妈妈的依赖减少了，久而久之，妈妈也就轻松了。

● 不干涉：锻炼孩子的独立思考能力

"妈妈，这个字念什么？"

"妈，这道题我不会。"

"妈，有个手工作业，你来帮我做。"

…………

面对孩子的求助，是飞奔上前处理，还是让他们自己解决？

有的妈妈习惯帮孩子解决：

"这个字念 hào，第四声。"

"这道题的答案和你说几遍了，怎么还记不住！"

"我来帮你做吧，反正你也做不好。"

……

渐渐地，孩子不习惯独立思考了，也不会去想如何解决问题，只等待着父母给自己出主意想办法。

面对孩子的求助，妈妈要学着"示弱"。对于自己知道的，不要直接全盘托出，而要让孩子先动下脑子，引导孩子从多种角度看问题，允许灵活的答案出现；对于自己不知道的，可以和孩子一起看书，上网查资料，甚至一起去户外观察学习。

比如说，幼儿园给小班的孩子布置了家庭作业，要求家长和孩子一起用废旧物品自制一个相框。家长可以在征求孩子的想法后，和孩子一起搜集一些落叶，然后"退居二线"让孩子自己完成拼贴。尽管最后的作品可能并不完美，但孩子的动手能力却得到了实实在在的提升。

- **不唠叨：增强孩子的自觉协调能力**

面对孩子摊了一床的书，扔了一地的玩具，还跷着二郎腿看电视，妈妈们往往怒从中来：

"怎么又没收拾好？！"

"怎么又在看电视？！"

然后，勤劳的妈妈开始收拾了，一边收拾一边喋喋不休，喃喃自语：

"跟你说几次了，怎么就是不会收拾？"

"不玩的玩具，哪里拿来放回哪里。"

"你要是还这样,信不信我把这些都丢进垃圾桶!"

"就知道看电视,给我关掉!有没有听到我说的话?!"

……………

孩子不情愿地关了电视,这时候妈妈也收拾得差不多了。"我知道了",孩子再一次悻悻离开了。

其实呢,这些话说多了,孩子反而不当回事。遇到这种情况,家长可以说:"你可以再看十分钟电视,然后整理好这些书和玩具。"给孩子一个明确的解决方案和时间限制。然后上好闹钟,十分钟后提醒孩子:"你应该整理了。"告诉孩子,说话算数。

即便孩子耍赖了,也不要火冒三丈,因为他们心里已经知道什么才是正确的做法了。

妈妈可以告诉孩子,你现在为什么一定要这样做,如果你做到了,下次还可以看电视。这样可以让孩子学会自我控制,培养孩子的意志力、忍耐力和自觉协调能力,这些正是重要的品质。

包妈碎碎念
FRAGMENTARY THOUGHTS

作为孩子的第一任老师,父母每多做一件事,孩子就失去一次锻炼的机会。所以,妈妈该懒的时候一定不能勤快,该放手放手,该狠心狠心。别觉得心疼,成长路上披荆斩棘的应该是孩子自己,我们只要把所有的爱和呵护收藏在心底,做好孩子成长路上的坚实后盾就可以了。我相信,若干年之后成为雄鹰翱翔天空的孩子,定会感谢当初那个"懒妈妈"。

被打了，要不要打回去？

孩子进入幼儿园，解决了分离焦虑的问题后，第二件头疼的事也来了。这就是妈妈们非常关心的热点问题之一：孩子在幼儿园被打了，你会教孩子怎么做？

差不多是在小小包第一次带伤从幼儿园回来的时候，我开始认真思考这个问题。

孩子进入集体生活，父母不在身边，很多事情都需要他自己去面对和解决，如果他被打了，父母到底该怎么教他？

孩子间有冲突是好事

父母担心孩子间发生冲突的原因无非有两个：一是怕自家孩子吃亏受伤，二是怕孩子不会处理冲突。

小小包第一次从幼儿园带伤回家，我的心都碎了："天哪，我可怜的孩子被人欺负了！"老师的反应却完全相反："小小包开始面对冲突了，这是多么好的一件事啊，他将在冲突中得到成长。"

这对我来说真是颠覆性的认识，打架对孩子来说竟然是件好事！希望孩子发展出良好的社交能力，苦口婆心的说教比不上"打一架"来得刻骨铭心。

记得舞蹈家金星有一次在节目中讲述自己孩子被打的经历：

有一次我带儿子去超市，因为一辆儿童购物车，儿子被一个很蛮横的小孩打了个耳光，我在不远处看到这一幕急坏了。儿子捂着脸跑过来，我脱口而出："儿子，那个孩子打你了，你不给我打回去？！"但儿子说："我不，他打我是他妈妈没教育好他。"

之后，金星总结自己的观点和立场，如果是孩子自己犯错，就应该受惩罚，但若不是孩子本身犯错，就要用理智的做法应对。

在幼儿园，孩子们每天都为了争同一个玩具而发生身体触碰，或者因为刚搭好的积木被踢倒而争吵，甚至为争一个板凳而哭得满脸泪水。主要原因还是孩子们有了自己的想法和主张，却还不懂得协商、谦让，思维还处于以自我为中心的阶段，在不能如愿又表达不清的情况下，争执吵闹就发生了。

所以说，宝宝打人，很多时候并不是行为问题，只是一些能力还没成长起来。比如要得到这个玩具，但语言表达能力不好，抢一下、推一把就是宝宝能想到的最快的方法，他的本意并不是让对方受伤。

不要轻易用大人的道德观去评判孩子，那只会让孩子觉得自己糟透了——"我是个打人的坏孩子""我总被人欺负"，对双方都是伤害。

其实，发生冲突是好事。在冲突中，孩子可以学会保护自己，对比自己和对方的力量，选择反抗、妥协还是求助；学会调节情绪，表达自己；知道怎样会激怒对方，怎样能和平共处，怎样能彼此原谅。

所以，家长大可不必担心。

我们应该引导孩子用语言去表达"我可以玩一下你的玩具吗？""我们可以交换一下吗？"，让孩子当场试一下，让孩子感受语言的力量。

要打回去吗？

但打架总归是让妈妈很担心的一件事。虽然大部分时候孩子们之间发生冲突并无危险性，但熊孩子下手没轻没重，一言不合就让对方挂彩，万一伤到眼睛脸蛋等关键地方，想着就害怕呀！

而且随着年龄增长，还可能出现恶性校园霸凌事件。还记得北京中关村某小学的校园霸凌事件吗？四年级的孩子被同学用厕所垃圾筐扣头，擦过屎尿的厕纸污物弄了一脸一身，因为身高体重都处于弱势，孩子一直不敢反抗，也不敢将此事告诉父母，就这样长期遭受同学的凌辱和嘲笑。后来，孩子出现精神障碍，易怒，极度缺乏安全感，失眠，恐惧上学，被医生诊断为中度焦虑、重度抑郁。

这该是心里多深的一道口子啊，想必这疤痕一生都会伴随着他。孩子妈妈知道真相，一定心都碎了。

那么，如果有人打你，就要还手吗？不还手就是"包子"吗？

和很多妈妈一样，我也有一个不会还手的孩子。别说还手了，有时候对方还没动手，他就乖乖地把玩具交出去了，这么软弱的性格，长大了怎么生存啊？！

老师告诉我，孩子面对比他力量强大的对手时，不还手并不代表懦弱，这反而是智慧的选择，傻瓜才去拿鸡蛋碰石头呢，这时"胆小"是明智的自我保护。

我早早就告诉孩子，不管在什么时候，首先要做的都是保护好自己。你的善良要有锋芒，如果有人伤害你，让你感到害怕，喊叫、吵闹、踢人、咬人、摔杯子，甚至破坏家具都可以。自我保护是孩子进入幼儿园前要上的重要一课，家长一定要重视。

教孩子这样保护自己

● 在气势上吓倒对方

首先，大声地说"你不许打人！这样做是不对的！"。愤怒地看着对方，在气势上吓倒他。

● 跑为上策

面对力量强于自己的人，跑是上策。老师对小小包的评价就是：那些比他强壮的孩子激怒他时，他总是假装没听到，或看一眼就走开，多么有智慧的孩子啊！

● 寻求帮助

如果跑不掉，就大声寻求周围人的帮助："他打我了！快来帮帮我！"让身边的老师或小朋友知道发生了什么事。别小看同龄人的出手相助，它可能比老师的帮助更及时有效。

● 远离爱打人的孩子

不要对孩子说什么"你们大家都是好朋友"这样的话，这是不现实的。他们有合得来的小伙伴，也有怎么都不对路的小朋友。对那些爱打人的孩子，让孩子敬而远之吧。

● 不要为了面子而让孩子谦让

真正让孩子变成"包子"的，是父母的说教——"你要让着小朋友啊"。谦让对孩子来说太难了，他内心很想夺回自己的玩具，但妈妈告诉他要谦让，孩子只能选择逃避。

不要为了面子强迫孩子谦让，让孩子学会捍卫自己的资源，比大人的面子重要得多。难道你希望孩子将来在职场上受到不公正待遇，都不敢为自己争取吗？

这些父母和孩子都需要反复练习才能掌握。更重要的是,在冲突中增强孩子内心的力量,让孩子掌握正确的交往方法,孩子在社交中才会越来越有信心。

包妈碎碎念
FRAGMENTARY
THOUGHTS

> 我家俩娃目前就处在调皮捣蛋的巅峰时期,不仅兄弟间玩闹脸上经常挂彩,在外面"嗨"起来拦都拦不住,受点委屈是常事。男孩子嘛,总是在磕磕碰碰中长大。我和包爸的立场一致:希望童年时这些还不算太危险的"冲突实践"能让他们更明白担当与正义,认识自己的情绪,清楚自己的底线,学会处理同龄人间的矛盾。和你们一样,我也还在学着放手呢。

孩子开始撒谎了？好事！

有一次，包爸去接小小包放学，回来的路上，小小包一直喊肚子饿。连续好几天，小小包都说学校的饭太少，没吃饱。我特意去问了一下班主任老师，确定了在幼儿园，孩子们每天都能分到足够的食物。在和孩子多次沟通后，我终于知道了"真相"，原来姥爷去接他的时候，都会给他买一根香肠，这是我和包爸平时都不应允的，为了吃到香肠，他和长辈说了谎。

作为妈妈，说不着急，那肯定是骗人的。我的孩子这么小就会撒谎，以后怎么办？担心之余，我翻了好多这类书籍，结果我大吃一惊。

书上说，撒谎是每个孩子成长的必经过程，这表示他们的心智达到了更高的水平。所以，如果你的孩子也开始说谎了，那么恭喜你，你的孩子长大了，变得更聪明了！

撒谎是成长的典型的一部分

在我们小时候，撒谎可是坏孩子的行为。只要撒了谎，多半要承受父母的严厉教育："叫你撒谎，看你以后还学不学好！"语音未落，鸡毛掸子满天飞。

如今轮到自己的孩子说谎了，一些父母担心，孩子这么小就说谎，长大还了得？也有一些父母开始反思，是不是自己平时的教育出问题了？

亲爱的，完全不用担心，因为别人家的孩子也一样。

有研究者做过一项实验，把一些孩子单独带进装了摄像头的房间玩竞猜游戏，只要孩子们猜中卡片上的数字就有奖励。在游戏过程中，大人会借故离开，并且告诉孩子不能偷看卡片。结果，等研究者离开了房间，90%的孩子都偷看了卡片。

当问孩子有没有偷看时，几乎所有孩子都撒了谎。

加拿大多伦多大学儿童研究所对1200名2~17岁的儿童及青少年进行了研究，结果发现，2岁的孩子，有30%会撒谎；到了3岁，撒谎率达到50%；4岁的孩子，超过80%都会撒谎；大于4岁的孩子，绝大部分都会撒谎。

可见，撒谎是成长的典型的一部分。

从根本上来说，撒谎是我知道，你不知道，所以我才能骗过你。孩子认为，"我脑子里想的事情，只要我不说，别人就不知道"。孩子开始撒谎，表明自我意识开始萌芽。

多伦多大学儿童研究所所长李康（Kang Lee）博士还表示：认知功能发展越健全的孩子，说谎技巧就越高明，往往大脑也更聪明，因为他们有办法圆谎。

不同年龄的孩子撒谎，如何应对？

孩子撒谎并不是坏事，作为家长的我们不必那么忧虑。不同年龄的孩子撒谎，我们可以采取不同的方式来应对。

● 两三岁，一笑而过

把积木扔得满屋都是却说是爸爸干的，明明刚吃好饭却说自己没吃。有没有发现两三岁的孩子开始满嘴跑火车？指出他的错误时，他还一副理直气壮的样子。真是让我们既生气又无奈。

其实，这个年龄段的孩子会脱口而出一些幼稚的话，而且带有非常明显的幻想意味。

"我家住了一个花仙子哦！"

"我爸爸养了一只霸王龙。"

…………

所以，三岁左右的孩子撒谎，没有明确的目的性，家长用不着那么紧张，除了一笑而过，有时候还可以配合一下他们天马行空的想象。

● 幼儿期，加以引导

上了幼儿园的孩子起初都会有一些幻想性说谎行为。比如一个男孩子带了一把玩具枪，其他孩子看到非常羡慕，会说"我们家也有"，甚至把枪的颜色、外形、功能都描述得十分详尽，可事实上家里并没有。

等到上了中班，孩子会有一些遮掩性说谎行为，通常出现在做错事的时候，比如尿床了不告诉妈妈和老师，怕挨批，怕被其他小朋友嘲笑，所以就千方百计用"我只是弄湿了""我出汗了"等谎话来遮掩。

家长要在实际生活中帮助孩子更好地区分现实和想象，比如告诉孩子，"我们家没有这个枪，你喜欢的话，只要接下去一周你都能好好整理玩具，妈妈就买给你"，相信孩子很快就会明白。同时，也要对孩子多一些理解，告诉他，尿湿没关系，妈妈小时候也会尿湿，但一定要告诉大人，因为不换裤子会感冒哦。

● 学龄期，重视改正

上了小学的孩子，如果出现了撒谎行为，基本都是目的性说谎，而且孩子撒谎很大程度上缘于父母。

因为害怕家长指责训斥，孩子就会本能地通过撒谎来进行自我保护。所以，家长除了关注孩子撒谎的行为本身，更需要知道孩子撒谎背后的需求，比如每次学琴就说肚子疼，是因为根本就对钢琴无兴趣。捋明白了，就和孩子好好谈个话，在引导他们改正的同时，也要思考自己的教育方式是否真的适合孩子。

谎言背后，家长应该这样做

看了一些书后，对于孩子说谎，我淡定了好多。就像书中所写：孩子撒谎不可怕，你对他的态度才更重要。作为父母，我们应该这样做。

● 以身作则，不欺骗孩子

作为家长，我们一定要注意自己的言行，同时做到言而有信（除了善意的谎言）。比如，明明答应孩子去动物园，却用一句"下次再说"搪塞了；答应陪孩子看书，又用一句"妈妈没空"敷衍了。久而久之，孩子也会用这种方式解决问题。

● 不给孩子贴标签

纵使孩子有撒谎的行为，也不要重复强调和往事再提，甚至指着孩子说"你这个撒谎精"，否则孩子很容易产生逆反心理：老是说我骗人，那我以后就这样做！

● 适当倾听和沟通

孩子撒谎不就是为了逃避责任吗，与其一通乱打，不如一起坐下来，像朋友一样沟通，这样不仅能了解孩子说谎的缘由，也能对症下药教会他们如何弥补过错。毕竟，相比惩罚，教会孩子诚实和勇敢才是最重要的。

● **让孩子学会接受错误和失败**

有时孩子撒谎是因为担心无法成功。其实，每件事的结局除了成功和完美，还有失败和破碎。作为父母，我们要告诉孩子，只要努力了，错误和失败一样可以被接受，得到这个退而求其次的结果一点都不丢人。

包妈碎碎念
FRAGMENTARY
THOUGHTS

> 静下心来想想，孩子说谎不同于大人世界的尔虞我诈，其实也是非常透明的。他们会有一点小私心，可能是太想实现某个愿望了，可能是太在乎爸爸妈妈了，所以小小的他们在说谎的那一刻内心也是无比煎熬的。这时候，爸爸妈妈的理解、接纳显得非常重要。
>
> 无论如何，育儿即是育己。在教养孩子这条路上，革命尚未成功，孩子和爸爸妈妈都必须继续努力啊！

设置家庭积分制

常有妈妈给我留言问：包妈这么忙，两个娃却相处得和谐友爱，是怎么带的？

家有两个孩子，确实考验大人，首先你要接受他们俩大概率性格很不一样，不要处处去比较。

世界上没有两片完全相同的树叶，哪怕是同卵双胞胎，也不完全一样，你又怎么能强求自己的两个孩子一样呢？

我家俩娃，大的内向害羞，小的活泼好动。他们的喜好也完全不一样，大的喜欢画画，而小的喜欢踢球。

从性格上来说，小的和我更像，嘴特甜，很容易讨人喜欢。但是，从一个母亲的角度来讲，我内心对两个孩子的爱是一样的。这种爱，是情感，也是理智。

如果得到的爱是不平等的，孩子敏感的内心一定会感受到，从而受到伤害。

不平等的爱表现在实际中，如果玩具、衣服等只买一个孩子的，两个孩子必定会争抢起来，受伤不说，更伤了兄弟之情，两个孩子从此形成竞争关系。

有时候，孩子的敏感超乎意料。有一次，学校老师给了小小包一块橡皮，得到了全家人的一致好评，小小包还拿着在包爸面前特别强调了一遍,一脸骄傲珍惜的小模样。我和包爸搜遍全网给弟弟也买了一块,拆快递时,却遭到了哥哥的灵魂拷问:"为什么没有我的?"

爸爸:"你不是有了吗?"

哥哥:"那是老师给的,不是爸爸给的!"

爸爸:"……"

孩子的脑回路果然和大人的不太一样。包爸花了一顿早餐的时间"反省"自己的疏忽大意,最后答应满足哥哥的另一个要求作为补偿。

所以,为人父母者,一定要一碗水端平。

表面上做的是很简单的事,当两兄弟吵起来时,才是考验你的时候。

老大和老二吵架了

转眼间,小小包和迷你包都已经是小学生了,这个年龄的两个小男孩天天生活在一个屋檐下,不打不闹是不现实的。

可能是吃饭的时候哥哥伸腿踢到了弟弟,可能是弟弟随手把哥哥从学校里带回来的手工画涂花了,可能是哥哥只顾着和自己的小朋友玩孤立了弟弟,也可能是弟弟偷吃了哥哥书包里的巧克力……

总之,最后一定会有一个包子带着哭腔过来向我告状:

"哥哥欺负我!"

"弟弟弄坏了我的东西!"

这时候也是最考验父母的时候了。怎么处理?是否能控制住怒火?能不能一碗水端平?

淡定弟

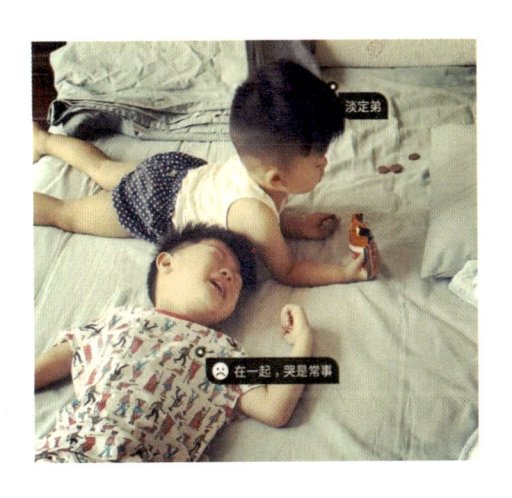

在一起,笑是常事

首先,父母要控制住自己的情绪,即便情节千年不换,即便胸中火气升腾,也要忍住。请花上 10 分钟,耐下心来,用正面、温和的态度给孩子们调停。

我一般会让他俩分别叙述一遍发生了什么,不听一家之言。即便是再芝麻绿豆小的事情,也要弄清楚始末,然后公平评判,让错误的一方认识到自己的错误。

有一次,两兄弟因为抢乐高玩具吵起来了,谁也不让谁,然后弟弟动手打了哥哥。我家的原则是可以吵架,可以争论,但一定不能动手。我就跟弟弟讲道理,弟弟认识到错误之后,主动认罚,收拾玩具,把玩具整理归位。

当然,和弟弟讲道理的时候,我是单独和他说的。我认为无论是大宝还是小宝犯了错,都一定要单独批评,而不能当着另一个的面,甚至全家人的面说。娃再小也有自尊心,当着兄弟姐妹的面被说,任谁都会很没面子,而另一个也会把对方的错误当成把柄,在吵架生气时揭短。这会更加影响彼此的感情。

设置规则：积分制

家有两个孩子，我给他们设置了一个规则：积分制。

根据日常表现获得积分，如果某一方面表现好，比如按时完成作业，就加分，反之则会减分。积分制相对来说是一个公平的制度，做得好，就加分；做得不好，就减分。

有积分，就有奖励。他俩知道想买一个初级乐高玩具，要攒够300分，分数越多，可以买的乐高就越棒。

所以，俩人对自己的积分可重视了，每每看到积分表上自己的积分增加了，就高兴不已，数着指头看还差多少分就可以买乐高了。这也促使他们积极地按制度上的要求去做事。

当然，有加分，也就有减分。俩娃总会有做错的时候。

事情首先发生在哥哥身上。一个周五晚上，哥哥写作业不达标，要减分。第一次遭遇减分，眼看离目标分数又远了一步，高度敏感的哥哥情绪有点崩溃，一直哭，还把弟弟的积分表撕了，扔地上，要求我把分给加回来。

我和包爸对孩子该严厉的时候严厉，这是原则问题。如果只有加分，没有减分，这个积分制就没有意义。把扣掉的分数再加回来，就破坏了公平性。因此，我俩坚持原则，要让俩娃知道底线，该扣分的，一定会扣。

其实，看着哥哥哭，我心里也很难受，但又必须坚持。

设置规则容易，规则设置了以后，更重要的是执行。

这种时候，我们必须让孩子明白，规则就是墙壁，不可动摇的墙壁，墙壁内可以很自由，但若是碰到了墙壁，就要受到惩罚，绝无转圜的余地。这样的坚持看似不近人情，其实给了孩子十足的安全感，他会知道父母的底线在哪里，也会知道这个规则不是自己撒娇哭闹就能打破的，就不会再反复试探。

包妈碎碎念
FRAGMENTARY
THOUGHTS

> 对自己的两个孩子，妈妈在情感上难免会有轻重之分，但对待他们一定要公平。如果你没有时间，或者做不到，不如设置一个公平的制度，让两个孩子自己在执行过程中去体会。

希望孩子敢想敢争取？先做到这一点！

父母们可以教给孩子很多好的品质，比如诚实、坚强、善良，这些都很重要。但是，我们很容易忽略一点，勇于选择、敢于追求梦想的特质，对孩子的成长来说也至关重要！

孩子向你要这要那的时候，直接拒绝很简单，但这并不一定是好的做法，保护孩子追求美好事物的愿望是很重要的。

追求美好事物是天性，父母要做的是引导孩子，让他们明白，追求美好事物是你的权利，但是只有通过努力，才可能达到目的，世上没有白来的午餐。

敢选择的孩子，做着最美的梦

跟大家分享一个真实的小故事。

有一对姐弟小时候买玩具，姐姐选了一个小的、便宜的玩具，而弟弟选了一个很大的，而且价格贵很多的玩具。父母说："你看姐姐多懂事，选的玩具很便宜，你也换个便宜的吧。"弟弟不管，坚持要买大的，说他很喜欢这个玩具。最后父母和他约定接下来的一个月不买其他玩具，弟弟同意了，父母就满足了他。

多年以后，长大的姐姐说她一直羡慕弟弟有敢于选择的勇气，其实她当时也想要那个大玩具，但是父母把她当榜样，她不敢说出自己的想法。

而那个看上去"任性"的弟弟，在父母的引导下，找到了正确的方法去追求美好事物。

他敢追班里最漂亮的女孩，为了获得成功，他投入了很大精力学习历史，因为他知道那个女孩喜欢历史。

他敢申请最好的学校和专业，为了实现自己的心愿，他会熬夜学习，会制订详细的学习计划。

他敢应聘最好的工作，应聘前，他会制作突显自己优势的简历，让面试官对他有更加深刻的印象。

懂得付出，能为自己的选择负责，并承担后果，弟弟最终变成了一个勇于追求的人。

敢想和不敢想的区别，是 0 和 1 的区别

孩子小时候，父母都想要一个姐姐那样的乖孩子。孩子长大后，父母却希望他们像弟弟那样有魄力，去追求世间的美好。

从很多成功人士的例子来看，他们本身不见得比别人强大多少或优秀多少，只是他们敢于选择美好的东西，就像弟弟小时候选玩具一样，敢于追求当下看起来有点不切实际，或者在别人眼中好高骛远的目标。

且不说马云、乔布斯这样的大神，就是在我们身边也能找到弟弟这样的人。

那个不漂亮也不算出众的姑娘，却嫁了一个帅气多金又体贴的老公；那个成绩平平三本毕业的小伙子，竟然以面试第一名的成绩

闯进了世界500强；那个上学时毫不起眼的同学，竟然在商场上披荆斩棘，所向披靡。

你身边肯定也有这样华丽逆袭的故事在上演着。虽然人生有很多种可能，虽然这些不过是世俗意义上的成功，但这些人在看似不可能实现的目标前表现出勇气、自信和执着，多么令人佩服啊！

想一想，我们与他们的差别在哪里？也许，最大的差别就在于他们敢于追求那些离自己很遥远的美好事物，而不是轻易就否定了自己——"我配不上他""凭我的背景怎么可能进500强""做生意风险太大，我不行"。敢想和不敢想的区别，就是0和1的区别！

马云说，梦想还是要有的，万一实现了呢？如果连这个做梦的心都没有，那么其他一切都免谈！

孩子的选择，满足的是父母还是自己？

那么，敢于选择的这份勇气究竟在哪里遗失了呢？我想，就是在孩子小时候一次次被打压、被拒绝的过程中，这份勇气一点点被磨灭了。很多父母把小孩子提出一些超出预期的要求看作无理取闹，决不妥协，甚至故意打压，否则就是娇生惯养。

我们小时候，学习高于一切，父母把一切学习以外的要求都视为阻碍孩子进步的因素。我有一个发小，父母对她的要求就是这样。在那个刚刚流行变速车的年代，父母给上班的姐姐买变速车，同学们也几乎人手一辆，只有她骑姐姐淘汰下来的旧自行车上学。父母逢人便夸"我家妹妹只爱学习，不攀比这些"。她穿姐姐的旧衣服，用姐姐的旧物，自己被成功洗脑，连羡慕嫉妒恨的心都没有。

她长大之后，眼看着姐姐一路为追求美好的目标而奋斗，有魄力地辞掉安稳的事业单位的工作下海经商，几起几落也不后悔，日子过得风生水起。她也会羡慕，却总觉得那些东西离自己很遥远。姐姐买最新款的衣服，她的眼光却总停留在折扣区。姐姐说你又不是买不起，她说因为自己从来没拥有过最好的东西，不敢想。因为从来没得到过，连想要的勇气都没有，甚至觉得自己配不上那些美好，偶尔得到一些好的机会或东西，都会心生不安。

对一个连选择的权利都没有真正拥有过的孩子而言，又何谈选择的勇气？她内心真正的需求早就在父母日复一日的洗脑中磨灭了。这样的孩子总能敏锐地捕捉到父母内心的答案，然后做出让父母开心的选择。他们的选择往往是满足了父母的欲望，而不是自己的。

正确地引导孩子去追求才是关键

前面说的弟弟在很多家庭中都会被当作反面典型，而他之所以能让故事逆转，是因为有父母的引导。对弟弟这样的孩子，别的父母可能会骂他一顿，说他好高骛远、不切实际，可他的父母却在反思：为什么要阻断孩子对未来的想象？何不鼓励他去尝试，失败了再想办法就是，只要他愿意承担后果，为选择负责就好。

孩子这种追求好的、美的事物的欲望，是人的天性，有错吗？难道我们希望孩子长大后选择职业时妄自菲薄？选择婚姻时一味迁就？所以，孩子有这种欲望，父母一定要鼓励，这样他才知道这个世界上的事情都可以去尝试，即使失败了，只要付出努力就不后悔！

是养出一个骄纵的孩子还是敢于选择的孩子，关键在于父母的引导。父母同意孩子的要求，不应该只是简单地满足孩子，而要引导孩子寻找达到目标的方法。

比如儿子某天突然说"我想要追我们班最漂亮的女孩",我们可以鼓励他健身、改变形象、提高成绩,让自己变得更好,这样姑娘才有可能喜欢他。

同理,小孩子想要一个超出预算的玩具也没什么大不了,父母可以和孩子约定规则,比如要付出一些劳动,或者在未来几个月只能买这一个玩具。

孩子很快就能懂得,我想要好玩具没有问题,只是需要付出,而且不一定每次都能成功。

包妈碎碎念
FRAGMENTARY THOUGHTS

> 勇于追求美好,为自己的选择负责并承担后果,是孩子成功的重要因素。让我们鼓励孩子提出那些"不切实际"的要求吧!因为孩子的灵魂属于明天,是我们即便在梦中也无法到达的明天。

让孩子养成受益终身的阅读习惯

每个到我家来过的朋友都知道，我家有两只小书虫。不管他俩跟你是否熟悉，也不管他俩在玩着多么喜欢的玩具，只要你坐下拿起一本书，两个包子就会迅速围拢过来，靠着你的肩膀，一头扎进书的海洋。而我也从给自己孩子读书的母亲，变成亲子阅读推广人，为公益学校的孩子们建起了绘爱图书室，还有幸担任了BIBF（北京国际图书博览会）国际绘本展的形象大使。

我花费大量的时间陪孩子阅读，并不遗余力地推广阅读，只有一个原因：阅读真的太重要了！

苏联著名教育家克鲁普斯卡娅说过，儿童阅读在孩子生活中起着重大的作用，童年读的书可以让孩子记一辈子，影响孩子一辈子。由此可见早期阅读的重要性。

尤其是对0~6岁的孩子而言，阅读能让他们学习知识、认识社会、认识自然，以及养成良好的生活和学习习惯。但阅读不是孩子天生就会的，需要后天培养，而引导孩子爱上阅读是我们作为爸爸妈妈义不容辞的责任。

阅读习惯的形成始于家庭培养

布置新家的时候，我说一定要有一个大大的书架，因为两个包子从小到大读的书都够开个绘本馆了。在他们心中，绘本和乐高的地位一样高，一天也离不开。

小小包 11 个月大的时候开始对婴儿画报感兴趣；14 个月大的时候爱上亲子阅读，看到书筐里的书，他会拿一本示意我给他讲；17 个月离乳，奶睡被"书睡"取代。弟弟迷你包出生后，在哥哥的影响下，也顺利成长为一只小书虫。

17 个月的包子对绘本产生浓厚的兴趣　　无论到哪里，看到书都走不动路

只要我在家,他们两个就喜欢缠着我,让我一本一本地给他们读书,平时皮得不得了的两兄弟能安安静静地坐上一两个小时。

虽然经常是我已经讲得口干舌燥了,而他们还意犹未尽,但我真的很享受这种"左拥右抱"的亲密时光。

有很多妈妈问我:怎么才能培养出像兄弟俩这么爱读书的孩子?

其实和大家一样,进行美好的亲子共读,我们也是从撕书开始的。撕书、吃书、看一眼就冷漠地走开,别怀疑,这就是亲子共读的正常打开方式。

这些都是低幼宝宝再正常不过的行为了,人家内心想的是"我忙着玩积木呢,别来打扰我""这东西好吃吗?我尝尝"。娃撕书,大人的反应很重要,一定要淡定,别吼别叫,别轻易给娃贴上"不爱看书"的标签。我当年买了好多过刊画报,撕了也不心疼。

与其跟孩子较劲,不如试试各种新奇有趣的书。有了娃才知道,绘本的世界是那么丰富多彩、包罗万象!立体书、有声书、翻翻书、洞洞书、贴纸书、无字书、玩具书、机关书、点读书,天哪!居然有这么多类!

包子撕书,我就悄悄把书换成硬纸板书,他很喜欢翻,还会"嗯嗯嗯"地让我把机关打开。洞洞书也是他进行绘本启蒙阅读时的真爱,他喜欢用手指抠那些小洞洞,没有书的时候,我的肚脐成了替代品,哈哈哈！

另外，家长的阅读习惯和家庭的阅读氛围也决定了孩子最初的阅读态度。如果父母喜欢抱着手机，又怎能指望宝宝爱上阅读呢？我和包爸都是非常喜欢读书的人，每到晚上，没有工作，没有其他事情时，总会拿着本书，汲取其中的养料，充实自己的大脑。这片刻的宁静，我们极为享受。

每到一个城市，有机会我都想逛逛书店

有了两个包子后，每天睡前都是雷打不动的讲故事时间。没有哪个孩子不喜欢被爸爸妈妈抱在怀里讲故事吧？如果你每天能抽出固定的时间给孩子读书，让他感到读书是一件很幸福的事，孩子便会对阅读产生好感，逐渐养成阅读习惯。

无论到哪个国家出差，我都要见缝插针地逛逛书店，给兄弟俩带一些绘本回来。包子也从小跟着我逛书店，两岁多的时候，我带他去香港诚品书店，店员问买什么，他直接搭腔说"买书"。陪奶奶逛街买鞋，对人家店里的假书爱不释手。

CHAPTER 1. 第一章
有边界的自由，有规矩的放手

现在出去旅行，不用我提醒，兄弟俩就会放几本书到行李箱中。他们可以偶尔跟爸爸妈妈分离，但没有一天不是看着书入睡的。书已经成为他们最亲密的伙伴，并将陪伴他们一生，这是我能给孩子的最宝贵的财富。

专注看各种绘本

跟奶奶去买鞋，对店里的假书爱不释手

看着孩子认真的小表情，老母亲读得口干舌燥也愿意

对发着高烧的哥哥来说，书是他的"良药"

关于亲子阅读那些事

● 演绎让绘本更好玩

除了读,还可以把绘本玩出更多花样,比如演出来会让宝宝兴趣爆表。迷你包很喜欢演《月亮的味道》,包爸趴在地上,他趴到爸爸身上(已经笑得不行了),学大象伸鼻子,学长颈鹿伸脖子……那些抽象的词语鲜活了起来,小动物们的执着、月亮的调皮以及分享的喜悦真切地被感受到。

随着阅读量的增加,孩子们会玩一个好玩的游戏——寻找绘本中的"原型":"妈妈,这不是母鸡萝丝嘛!""哇,我的小背心跟小老鼠的一样啊!"在一次次惊喜中,孩子们对绘本的兴趣越发浓厚。

● 放松,无所求地静待花开

刚开始的时候,孩子专注的时间不会太长,往往看两页就扔下书跑远了。妈妈要做的是不动声色地把书读完,第二天继续。孩子看似跑到一旁去玩,其实仍在聆听吸收。

正如一位阅读推广人所说,父母像辛勤的农夫沉默而无所求地翻动土壤那样翻动绘本,孩子们一定会从灵魂里开出热烈的花来呼应你。有一天,他们会突然放下手里的玩具,主动加入进来。这个等待时间并不会太长。

● 故事是不是太简单了?

很多妈妈觉得低幼绘本太"幼稚"了,但是这才符合宝宝的认知,他们非常喜欢画面简单、情节重复的故事。我也给孩子选过画面繁杂的绘本来读,迷你包很快就烦躁地跑开了。

其实,如果你了解一本绘本的诞生过程,就会发现再简单的故事都不简单,甚至更难创作。要在有限的篇幅和画面中做到吸引孩子,创作者要付出更多。孩子一定能感受到这份用心，热烈地去回应。

● **宝宝总要求重复读一本书怎么办？**

有人说，不断重复阅读，像带领婴儿无数次地认识回家的路，能一再加深宝宝的安全感。我非常同意。

很多知名绘本就是不断重复一句话，翻翻"小熊宝宝"系列绘本就会深有感触。对孩子来说，听到熟悉的语句从妈妈口中冒出，比听到新故事更令人欢呼雀跃。"哇，这个我知道！""啊，那个跟我想的一样！"多么令人自豪啊！

如果孩子要求，就继续重复读下去吧。不要去比人家孩子两岁读了多少本书，安全感和愉悦感才是伴随孩子一生的财富。

想为孩子推荐新书怎么办？我常用的办法是"以旧带新"，就像成语接龙一样，从《好饿的小蛇》过渡到情节类似的《好饿的毛毛虫》，再以结尾的蝴蝶引到《苹果与蝴蝶》，每次过渡都很顺利。妈妈们不妨一试。

● **宝宝对获奖的经典绘本无感怎么办？**

这太正常了，那么多世界名著你都喜欢看吗？显然不是的。别人家的孩子喜不喜欢某本书跟我的孩子没有关系。还是那句话，别焦虑，书单的作用只是提高选书的成功率罢了。

我家就有很多不受欢迎的经典绘本，兄弟俩兴趣缺缺或明确拒绝的时候，就换一本，不唠叨不勉强。把书放在他们能拿到的地方，过一阵子也许他们自己就突然要看了。

现在无感，不代表永远无感。随着孩子们的生活阅历、人生经验不断丰富，当他们可以欣赏那些绘本的美好时，自然就喜欢了。宝宝不喜欢海洋故事，也许来一趟海边旅行就反转了。再说，就算永远不喜欢，又怎样呢？让宝宝感受到被尊重，比读一本经典绘本更重要。

还有一些绘本，孩子不喜欢，可能是打开方式不对。比如《棕色的熊、棕色的熊，你在看什么？》这种英文韵律性很强的双语书，中文完全抓不到它的神韵，用英文说唱出来，娃瞬间就沦陷了。

如果不想浪费银子，可以先带孩子去绘本馆借阅试读，再决定是否"剁手"。

● 读完要不要跟孩子聊点啥？

一本书读完，妈妈总觉得该跟宝宝聊聊人生。"宝宝，你看这只倒霉的羊，其实他并不倒霉啊，只是他自己这么觉得而已……"经常有妈妈这样东拉西扯，我也这样做过。

直到有一天，我跟老妈看电视，她喋喋不休地把剧情跟生活琐事扯到一起，烦得我直接弃剧了。我恍然大悟，孩子也不需要听我自以为是的唠叨。

孩子是活在当下的，倒不如在他需要帮助的时候，拿出故事来告诉他该怎么做。滑滑梯时他不想排队，我们不妨说："小熊他们滑滑梯是怎么做的呢？"宝宝会激动地说："排好队，一个接一个玩。"不用说一句废话，宝宝自己就去排队了。

总之，无论如何，亲子共读一定是轻松愉悦，没有压力，充满爱的。绝不能有攀比、炫耀、强迫、批评或唠叨。

好书那么多，我该怎么选？

首先，千万不要凭大人的喜好为宝宝选书，因为我们和孩子压根不是一个世界的。孩子盯着某一页笑到癫狂，我们也许根本不知道笑点在哪里。大人赞叹不已的书，在孩子眼里也许就是废纸。宝宝看书也是要有共鸣的，人家有自己的小爱好，投其所好，成功率会大大增加哦。对于小吃货，选食物主题的绘本大致没错。火车迷呢？以火车为主角的故事会让他爱不释手。低幼宝宝超喜欢象声词，《噗~噗~噗》这种大人无法理解的书是无数孩子的真爱。小宝宝迷之喜欢的还有小动物（特别是小鱼和恐龙）、月亮、汽车、飞机、捉迷藏、蹦、爬，以及各种动物的叫声……妈妈们可以慢慢体会。

读了这么多绘本，家里还有两只小书虫，我对选书确实有了一些经验，这里就和妈妈们分享一下我择书的标准：

● 名家之作

如果你不会选择绘本，关注绘本名家大概率是不会出错的，比如"日本绘本之父"松居直、法国童书大师杜莱。

杜莱的代表作有《艺术大书》《点点点》《10个10》以及"哈！不要搞错！"系列、"杜噜嘟嘟"系列等，推荐大家阅读。

松居直喜欢的50本图画书，你们都看全了吗？比如培养语言能力的《天亮了》《米菲》《阿立会穿裤子了》《鳄鱼阿鳄爱洗澡》等，给孩子生存活力的《好大好大的红薯》《好奇的乔治》《手套》等，感受亲子温情的《萝卜回来了》《猜猜我有多爱你》《小狗的便便》等。一定没看全吧！照着书单买也是一种捷径。

● 划分年龄段

现在很多好的绘本读物都标注了推荐阅读的年龄或是适合阅读的年龄，这就是所谓的分级读物。

一岁之内：建立阅读习惯，可以从简单的黑白图画书过渡到彩色绘本。如"婴儿视觉启智绘本"系列、"亲亲小桃子"系列。

两岁：了解各种生活习惯，培养基本认知。如《大卫，不可以》、"噼里啪啦"系列、"小鸡球球"系列、《乳房的故事》。

好的养育
062　GOOD PARENTING

三岁及以上：以激发孩子的兴趣为主，同时建立各种规则，培养生活能力及学习习惯。如《小威向前冲》《长颈鹿不会跳舞》《你看起来好像很好吃》《爷爷变成了幽灵》《约瑟夫有件旧外套》《疯狂星期二》。

● 兴趣至上

孩子的兴趣是挑选读本的重要依据，投其所好至少不会让买来的书浪费掉。很多孩子都喜欢动物，动物歌谣是我们最早接触的语言材料，比如《两只老虎》《小白兔，白又白》……动物卡片曾经是哥哥弟弟的挚爱，到了真正选书时，我就买了好多以动物为主角的书，比如《好饿的小蛇》《好饿的毛毛虫》《棕色的熊、棕色的熊，你在看什么？》，还有"小猪佩奇"系列，果然都是兄弟俩的大爱。

● 敏感期到来

每个孩子都会有"Terrible Two"（可怕的两岁）阶段，当他们哭闹的时候，除了要接纳他们的情绪，还可以借助绘本帮他们找到合适的宣泄排解方式。

以下这些书我曾经拿来引导哥哥学习正确地排解情绪：《生气的亚瑟》《生气汤》《我不想生气》《菲菲生气了》《我变成一只喷火龙了！》。

孩子入园，意味着离开爸爸妈妈，如何缓解他们的分离焦虑呢？这时候，又有一堆好书可以看了：《我爱幼儿园》《魔法亲亲》《一口袋的吻》《我不要去幼儿园》《我好担心》……

孩子会经历各种敏感期，所以这也是培养孩子阅读习惯的好契机。

● 别忽略时令、节日

包妈偷偷告诉你，看天选择也是一个不错的做法哦！

一年四季的更替令所有生物为之欣喜，父母可以通过书本带着孩子感受这美妙的一切，如"你好，四季"系列、*I am a Bunny*（《我是一只小兔子》）等。在美妙的春天，不妨怀揣着好奇，和孩子一起看看《花婆婆》《和甘伯伯去游河》。到了冬天，就可以看《老奶奶的汤匙》、*The Snowman*（《雪人》）。

另外，每年我们都会遇到各种节日，父亲节和爸爸一起看《爸爸，我要月亮》《一个不能没有礼物的日子》，母亲节看看《妈妈的红沙发》《妈妈的奶》。甚至在传统的清明节，如果不知道该如何和孩子解释沉重的死亡问题，绘本也能帮助你：《爷爷有没有穿西装？》《外公》《我永远爱你》《獾的礼物》。

● **不只好看，还要好玩**

我觉得，没有一个孩子会拒绝玩，在玩的过程中获取知识也是我们一直推崇的学习方式。有些妈妈说自己不大会声情并茂地演绎绘本内容，以至于自己和孩子都觉得无聊。如果你也有这方面的小烦恼，耍点小心机吧，包妈建议你给宝贝选点不一样的绘本，比如翻翻书。翻翻书的好处是能引起孩子的兴趣，满足他们的探索欲望，同时让故事更加生动，如德国的"宝宝科学翻翻书"系列，英国的"小玻系列翻翻书"等。

还有一种书孩子也会喜欢，就是有声读物，因为这不只是看书，还是"听书"。这样的便携式书本，可以让孩子通过手指触碰的方式听歌曲或者音频。比如有本《我会刷牙》，弟弟偶尔不配合刷牙的时候，我就放给他听，现在可自觉了。这样的书不只好看，引导功能也做得很棒。

● **展会上的一见钟情**

我很喜欢参加国内外的童书展，还去德国帮妈妈们挖掘过好书。当然，国内的童书展也会吸引很多国外著名出版社来参加，他们会把世界上最新的童书搬来。所以，我选书的另外一个标准就是目前国内市面上没有的，且内容绝对赞的书。只要发现这类绘本，我就会联系出版社引进。比如《开心的日常生活历险记》是来自芬兰的获奖绘本，北欧国家的绘本我们接触得比较少，有这么一个机会让我们看看世界第一教育强国的绘本是很难得的。

写到这里，要特别感谢家里的两个小书虫，他们帮我筛选出了很多好的绘本童书，我选中任何书都会先拿回家给他们两个读，在阅读中找到和孩子的共鸣，打动了他们也打动了我，才是好书。所以，很多妈妈从包妈这里团购图书都说孩子特别喜欢，比跟着排行榜买靠谱多了。

每每收到姐妹们这样的反馈，我都无比开心，想想我的一点点努力可能会改变一个孩子的阅读喜好，让他爱上阅读，以更多的角度去认识世界，真是感觉所有付出都是值得的。

包妈碎碎念
FRAGMENTARY
THOUGHTS

> 这里分享一句话，和妈妈们共勉。吉姆·崔利斯在《朗读手册》中写道："你或许拥有无限的财富，一箱箱的珠宝与一柜柜的黄金，但你永远不会比我富有——我有一位读书给我听的妈妈。"亲爱的妈妈们，赶紧行动起来吧，让你的孩子从此爱上读书！

GOOD

PARENTING

好　的　养　育

CHAPTER 2.
第二章

有效的亲子沟通
直达孩子的心

管教应该是温和而坚定的

有了孩子,你的生活中每天都在上演这样的大片:

孩子看见其他小朋友在玩玩具,自己也想玩,过去一把抢过来,然后两个小朋友开始大哭争夺,以至于打起架来;

孩子在商场里看见想要的玩具,见妈妈不答应买,就在地上大声哭喊、打滚;

说好只看两集动画片,可是孩子看完还想继续看,关掉电视后,孩子一直拉着你大哭大喊:"为什么关电视,我还要继续看!"

对于以上这些情况,连我身边那些高学历的妈妈都表示:太让人头痛了。

作为两个男孩的妈妈,我也常常感到苦恼,正所谓打不得骂不好,如何管教孩子,才能既避免大人大喊大叫、孩子大哭大闹的场面,又能让孩子心甘情愿地从中吸取教训?

让孩子产生恐惧的管教,效果不会持久

在我小时候,邻居家的孩子经常被打,我总能听到他妈妈严厉地呵斥着:"看你下次还敢不敢,看你还长不长脑子!"打屁股声中夹杂着孩子的求饶声:"再也不敢了,再也不敢了!"这样的管

教可能一直持续到孩子上初中。我想，我们这一代的很多孩子也都是在挨打中长大的，因为父母认为打骂是让孩子改正错误行为的最直接的方式。

是的，打骂教育一定是见效最快的，但未必是最有用的。因为这种外在控制方式会让孩子产生恐惧，怕自己父母凶神恶煞的样子，怕身上受皮肉之苦，这种方式只会加重孩子的生理和心理创伤。而且在你大吼大叫的时候，孩子的大脑是一片空白的，他可能根本不知道自己错在哪儿了。这样的教育又怎么会有效呢？

所以，在惩罚孩子前，我们首先要明白惩罚的目的。为什么要惩罚？为了让孩子承担犯错的后果，进行自我反思，进而减少或消除不良行为。

所以，惩罚不是简单的暴力手段，也不是粗暴的教育方式，它虽然有负面意义，但最终目的是让孩子朝着正面的、积极的方向去发展。

这些管教孩子的方法，都很科学

管教孩子有多种方法，不一定非要打骂。下次孩子做错事，父母们应根据孩子的不同年龄和不同情况选择运用不同的方法，可千万别只会大吼大叫。

● 用肢体语言暗示，比如皱眉头、摇头

带哥哥弟弟出门吃饭，他俩喜欢拿筷子、勺子敲打餐具，声音有些刺耳，这时候我会叫他们的名字，认真盯着他们并摇头，这样孩子们就明白：我不可以这样做。

● 口头警告和批评，提醒孩子"事不过三"

比如，孩子在游乐园和别的小朋友因为争抢玩具打了起来，妈妈就要口头批评："出手打人是不对的，这是第一次，妈妈原谅你。如果同样的事情发生了三次，你就不能来玩了！"

当孩子下一次又打人的时候，就警告他："这是第二次！"

如果出现第三次，就告诉他："这是第三次！"然后马上实行预先说好的处罚。

- 实行有限时间的隔离，让孩子学会冷静

比如，孩子发脾气扔玩具，这时候就需要"暂时冷落"他。但是，"暂时冷落"并非真的冷落孩子，而是让孩子学会冷静。一般三分钟后，妈妈可以去抱抱孩子，告诉他哪里做得不对。这时候大多数孩子也能意识到自己的错误。记得再亲吻下孩子哦！

- 自然承担后果法，让孩子为自己的行为负责

因为这个方法和孩子自身的"利益"有关，所以我觉得实行起来也是最有效的。比如减少买玩具；取消某种娱乐活动，如看电影、逛公园等。

讲个我家的例子，哥哥平时吃饭有点磨叽，吃一会儿拉着弟弟聊聊天，然后又嚷着要喝水，喝完水又会去看书，我就明确告诉他，如果你这周都不能在半小时内吃完饭，周末的看电影活动和期盼了很久的冰激凌就没有了。结果就是他没有做到，而我也没有带他去看电影。他虽然很失望，但并没有大哭大闹。我又告诉他，如果这周好好表现，还是可以得到这些奖励。果然，他成功达标，并且告诉我："妈妈，我以后都会好好吃饭的。"

如果你的孩子也有一些喜欢做的事情，一旦他有不好的行为，你也可以剥夺他享受的权利。但是，一定要慎重，不要一次剥夺太多，时间也不要过长。

做有原则的父母

在管教孩子时,我觉得以下几点原则也很重要,和大家分享。

● 立即执行

孩子犯了错,如果你想让他承担后果,最好在他犯错的那一刻就实行惩罚,因为那一刻孩子的记忆是最深的,隔一段时间再惩罚很容易让孩子好了伤疤忘了痛。

● 要求一致

最忌讳的就是今天一个标准,明天又一个标准,这样很难达到好的效果。无论什么时候,对孩子的要求都要保持一致,实行惩罚要有同样的原因,使用同样的方式。

● 不翻旧账

不要因为孩子这次的错误而把过去的所有错事重提一遍,这样会让孩子反感,觉得自己只要犯了错,就永远无法摆脱错误,既然摆脱不了,改又有何用?

● 不贴标签

告诉孩子犯了什么样的错误,帮助他分析犯错的原因,千万不要给孩子下结论、贴标签。

比如说孩子"你就是太懒了,每次都收拾不好""就知道哭,这件事你就没做好过",这样很容易使孩子误会——"我就是这样的人,我怎么都做不好"。

包妈碎碎念
FRAGMENTARY
THOUGHTS

> 如果你觉得教育孩子很痛苦,那一定是你用错了方法。无论因为什么,无论遇到什么样的状况,在管教孩子之前,我们都应该先学会冷静,调整好心情,再去处理事情。

怎么读懂高度敏感孩子的心?

很多人会问:为啥有人带娃很轻松,有人累成狗?

朋友家二胎女儿百日,我过去看了看,然后朋友就跟我聊起来:"我家妹妹特别难带,夜里要醒来很多次不说,还经常号啕大哭,我都差点被她整崩溃了。现在每天夜里不停地拍拍抱抱安抚她,有时候她枕着我的胳膊睡着了,我动都不敢动。太磨人了!"

正说着,妹妹又开始哭闹了,朋友好一阵哄。

随后,我俩到了隔壁房间。朋友小声跟我说:"妹妹比起哥哥小时候,那差距可不是一星半点!哥哥吃饱了就睡,睡好了自己玩,除非饿急了,否则很少哭闹。"

其实啊,像朋友家的妹妹这样难带的宝宝也不少,他们的共同点就是爱哭闹,特敏感,还黏人。

为什么会这样呢?

这件事,困扰了我七年

我家哥哥小小包也是这样一个难带的娃,他的种种表现一度让我郁闷、抓狂,充满挫败感。

他从小就是一个胜负感特别强的孩子,和爸爸妈妈在楼下比赛跑步，他要是得不了第一，就会哭闹半天。

第一次参加幼儿园亲子运动会，临出门的时候，我无心说了一句："宝贝加油，争取拿个第一名！"就是妈妈的一个美好愿望。

结果，运动会全程他都在哭，从头哭到尾。别的孩子和爸爸妈妈都在特别开心地参加项目，那些项目也都是趣味性的，没有什么竞争性，所有人都开开心心的。只有我在那儿弯着腰一直哄他，你们能理解我当时欲哭无泪的心情吗？！他平静下来后告诉我，他一直哭是因为怕得不了第一。

不了解的人一定以为我和爸爸给了哥哥很大压力，而实际上我俩从他小时候就反复告诉他，结果不重要，你体验了成长了，就可以了。但是完全没有用。

第二年参加亲子运动会总算好了，老母亲谨言慎行，啥都不说了

上小学后，他参加了校足球队，踢得也不错。有一天早晨起来，他坐在沙发上黑着脸说不想踢球了，问他原因也不说，早晨时间本来就很紧张了，特别挑战大人的情绪，我家最有耐心的爸爸都急了，说了他几句。完了，又开始哭了……

老母亲我头一天码字到深夜，本来想补个觉，看到黑着脸的父子俩，我能怎么办呢？抓了件衣服穿上，头没梳脸没洗，陪着哥哥去上学，一路上哄啊安慰啊问啊，人家除了哭，什么都不说。后来我想起了运动会的场景，问他是不是怕输了比赛，他说是。

那一瞬间，我真的挺沮丧挺有挫败感的，直接质疑自己的教育方式：我到底哪里做得不够好，给孩子一定要赢的暗示了？

我就去查资料学习，在一篇文章里看到了"高度敏感"这个词，发现我家哥哥的性格就是这样的。我顺手记下了提出"高度敏感"这个概念的心理学博士的名字，找到了她的书《发掘敏感孩子的力量》，出差在飞机上一口气看完，觉得这么多年困扰我的问题终于有了答案，我特别激动。

特别感谢作者伊莱恩·阿伦博士，她是世界上率先提出和研究"高度敏感"这种特质的人。她通过近 30 年的研究，证明了高度敏感和内向或外向的性格一样，是一种正常特质。妈妈无须责怪孩子，也不要自责自己的养育出了问题。这不是病态，不需要修正。世界上有 20% 的人属于高度敏感的人，开始我还觉得有点夸张，跟朋友们分享后，几乎每个人都在说：天哪！我老公 / 我孩子 / 我自己就是这样的人！大家看完书后，都有一种释然的感觉。

现在看，朋友的老公就是一个高度敏感的人。高三时，他被妈妈逼着上台用英文演讲，很多年后，他用"一场灾难"来形容那次演讲：台上的他紧张无助，发挥失常。这件事让他的自信心彻底崩塌，直接导致高考失利。很长一段时间，他对在公共场合发言都有心理阴影，人生也彻底被改变。

让人心痛的是，这样的故事其实每天都在发生着。

高度敏感的孩子总是被责问："为什么别的孩子可以，你就不可以？""你为什么那么爱哭爱发脾气，集体活动时躲到一边，不爱运动，注意力不集中？"家长们总是试图去"纠正"孩子。

亲爱的，你想过吗？需要纠正的也许是我们的"成见"。

我的孩子高度敏感吗？

书中给出了一份问卷，23个问题，如果有13个选择"是"，那你的孩子很有可能就是高度敏感儿童。如果只有一两项选择"是"，但选项有强烈的高度敏感特征，那也可能是高度敏感孩子。

比如：

经常抱怨衣服刺痒，袜子缝线或者衣服商标扎人；

会注意到那些细微的、不易察觉的气味；

对疼痛非常敏感；

在登高之前会确认是否安全。

…………

测完后我发现，我家哥哥和爸爸都是高度敏感特质的人。

我也知道了世界上有五分之一的高度敏感人群，包括这个作者以及作者的孩子。

高度敏感是天生的性格特质，无所谓好坏。作者举了一个例子，草原上两只小鹿吃草，一只鹿犹豫了一下就立刻冲出去吃草了，另一只鹿要花很长时间去确认周围有没有危险，特别谨慎。当危险的

哥哥小时候上了草坪就一直指着小脚丫，示意扎脚，给他穿上袜子，又不敢走了

食肉动物出现的时候，一定是那只高度敏感的小鹿能活下来。所以，高度敏感不是缺点。

改变从接纳开始

当我从根本上了解了哥哥的性格，我发自内心地理解了他的很多行为。

比如他抗拒竞争，很多事情在大人眼里都称不上竞争，但他都很抗拒：不想参加课堂上的英文演讲（其实他英语还挺好的）；和弟弟一起出去画画，莫名其妙就生气不想画了，其实是怕别人去评价去比较。

如果不了解高度敏感的性格特征，我一定会很抓狂，可能会说一些生气伤人的话，比如"弟弟都能好好画，你怎么就不行？！""别人都能上台，你怎么就不敢？"。这对高度敏感的孩子是一种更深的伤害。

但现在我知道这只是他性格里追求完美的一面，高度敏感的他做不到像心大的孩子那样无所谓，让我上台我就随便说说，没有负担。

我认识到不是他不好，也不是我的教育有问题。首先大人自己释怀了，更能接受自己了，然后能够发自内心地去理解孩子——家长做到了这两点，很快就能看到孩子的变化。

很快，在哥哥的第一次编程课上，我感受到了做妈妈的"高光时刻"。

因为出色的动手能力，哥哥的作品被老师评为"当日最佳"。在每个人上台分享的环节，哥哥说什么也不肯上去，最后竟然哭了起来。

以前我一定是崩溃的，现在我可以坦然地看着哥哥释放自己的情绪。我知道面对公众讲话，"紧张得要死"对高度敏感的孩子来说不是形容词，就是真实的心理反应。

我跟老师沟通了孩子的情况，希望老师多给他一些时间，通过练习克服自己的心理障碍。老师对我这个有点不一样的妈妈很感兴趣，我们聊了很多。

下课后，我和情绪已经平复的儿子手拉手走在回家的路上，那晚的月光特别亮，像一束追光打在我俩身上。虽然我俩什么都没说，但相视而笑的眼睛里都洋溢着"我理解你"的小幸福。

很长一段时间，一闭上眼，我脑海中就会浮现出那条洒满月光的路。那一刻就是我的高光时刻，和孩子心灵互通，我觉得这一年我都没白过。

- 坚定地跟孩子站在一起

如果你的孩子也是高度敏感的孩子，除了耐心应对孩子，你还要面对很多来自外界的压力：

"孩子搞成这样还不都是你惯的！"

"这孩子脾气倔得很，太任性，得好好治治。"

"你家娃自信心不足，太内向害羞了，你得好好教教。"

这时候，我选择坚定地跟孩子站在一起，多跟老师沟通，获得老师的理解。

● **老师说孩子注意力不集中**

哥哥刚上小学时，老师跟我反馈他趴着听课，担心他注意力不集中。我早就发现这孩子不如别的娃那样精力充沛，接他放学的路上经常就睡着了。我知道哥哥这种喜欢玩拼图和乐高的孩子，专注力是没有问题的，但一直不理解他为什么容易疲惫。现在我知道了，做同样的事情，不敏感的孩子可能才消耗一点点"电量"，但高度敏感的孩子要不停地关注周围环境，就像手机在不停地搜索信号，"电量"很快就耗光了。

闺密把她娃上兴趣班的照片甩给我，跟我吐槽："这孩子气死人了，别人都兴致勃勃地举手抢答，只有她趴在桌子上，一副心不在焉的样子。跟她说如果你不喜欢，咱就不上这个课，她却说自己很喜欢呀！真的搞不懂。"我把哥哥的事情告诉她，她发现自己的孩子也是个高度敏感的娃，一下子就理解了。

● **上台演讲很紧张**

在众人面前上台演讲，对高度敏感的孩子来说，心理压力是非常大的。

哥哥第一次做英文演讲，讲得很简单，没有把真正掌握的词汇都用上，老师觉得他发挥得一般。但作为妈妈，看到他敢站在那么多人面前去讲，每一个细微的表情和小动作都在透露他有多紧张，又有多努力在克服，我觉得他已经非常棒了。我把哥哥的性格特质跟老师做了沟通，老师也更理解他了，改用更宽松的方式去关注他。

我觉得特别有成就感，当外界质疑孩子的时候，我可以用强大的内心去应对，我的态度也会直接影响他人对孩子的态度。

● 面对新环境很焦虑

高度敏感的孩子面对新环境，融入会比一般孩子慢很多。哥哥在新西兰游学的第一天，对他来说就很有挑战。晚上他哭醒了，告诉我第二天不想去上学，因为没有朋友。我觉得这时候大人发自内心的理解对孩子来说特别重要，如果我说"没事，过两天就好了"，哥哥一定觉得我不理解他，以后心里有事也不跟妈妈说了。我告诉他，妈妈特别懂你，因为这里对咱们家的人来说都是新的环境，我们都需要慢慢去融入，去结交新的朋友。我们可以想办法去解决，明天咱们去认识几个能说中文的小朋友……就这样拥抱他、安慰他，先接受他的情绪，再帮他去解决问题，让他觉得妈妈是我的朋友，能够帮助我。经过这次"深夜谈心"，我一跃成为哥哥心中最可信赖的人。

● 抗拒比赛

书里说高度敏感的孩子不怎么喜欢运动，特别是竞争性强的运动，因为他们追求完美，给自己很大压力，容易情绪失控。这一点在哥哥身上也表现得非常明显。

因此我建议让这类孩子参加一些需要"观察力"的运动，比如高尔夫、棒球。看来在运动方面不仅要因材施教，还要因性格施教呢！

正向解读

说了这么多，可能大家还是觉得高度敏感的孩子就是难养啊，面对外界的压力和指责，父母很难不焦虑。我觉得如何去表述孩子的这些"特质"很重要：

"你的孩子有点胆小啊，不敢滑滑梯。"

"不！他只是更谨慎，正在观察。"

"他怎么不上台表演？这么害羞！"

"他对自己要求有点高，需要多一点时间准备。"

其实高度敏感的孩子有很多被忽略的优点呀！

朋友的孩子每次到新环境中总有点怯生生的，但她总能发现一些大家注意不到的细节：这个井盖上的房子就是刚刚路过的那栋楼，这张地图上的河是龙形的。后来我了解到这孩子是个画画高手。

谨慎细致的性格、强大的观察力、对自己要求高，谁能说这些不是优点？

小小包上小学后，老师对他的很多评价恰恰反映出高度敏感孩子的性格特质：

小小包的成绩不错，这与他对自己的要求高分不开。他擅长拼图，一岁多就能拼60多块的图片，现在拼个200多块的不成问题。我和包爸都搞不定的高难度乐高，他分分钟搞定。这和他有很强的观察力、专注力、逻辑能力都有关系。

小小包虽然慢热，但总被老师表扬喜欢帮助同学，人缘好。这绝对是高度敏感的孩子心思细腻，对别人的情绪感同身受的结果。

如果你还担心高度敏感孩子的未来，那我只能拉出包爸来举例说明了，他是个不能忍受衣服标签扎人，受不了商场嘈杂，闻到新家具味道会流眼泪的典型高度敏感者。他身上有着高度敏感者擅长深度思考的特质，做一件事之前会将整个过程想清楚，评估其可行性。我俩事业成功，与他思维缜密、有预见性密不可分。朋友们说我俩

现在哥哥完成 200 多块的拼图没有问题　　哥哥因为帮助同学而得到老师的表扬

刚好是前面的例子中那两只小鹿,我是那只往前冲的,包爸是那只谨慎观察给我放哨的,我俩是最佳搭档。

珍视孩子的小情绪

在我看来,孩子能够在你面前表现出各种各样的情绪,甚至哭,是一件好事。对一般人而言,只有觉得越亲近,才越容易在对方面前表现出情绪。

如果孩子心理上感觉和父母贴近,就敢在父母面前表现出各种情绪,尤其是负面情绪——愤怒、悲伤、恐惧等等。也只有当与父母相处有绝对的安全感时,孩子才会在父母面前撒娇。

如果孩子在父母面前表现出的情绪很少,很乖很懂事,会察言观色,就预示着亲子关系有些问题了。电视剧《小欢喜》中让人心疼的英子在妈妈面前总是把情绪隐藏起来,压抑久了就会出问题。

我们要认识到，任何一种情绪都有它存在的理由。不被允许表达某种情绪的孩子，并不是再也没有了这种情绪，而是学会了压抑情绪，我们要引导他们正确地表达。

哥哥现在就非常愿意说出自己的想法。

我问：那天你跟弟弟出去画画，为什么突然就不想画了呢？他说：我也不知道那天我怎么了。我想他就是突然又害怕自己画不好，不受控制。但他还小，你跟他讲这些，他可能也不理解。

我就说：嗯，妈妈有时候也会莫名其妙地生气，也会有一些突如其来的情绪，我们需要慢慢克服，你有这种情况我是理解的。

我的态度让他觉得妈妈很理解他，所以才会更愿意跟我说心里真实的想法。

理解，但有底线

高度敏感的孩子难免让人觉得他们有点"玻璃心"，但这并不意味着父母完全不能批评他们。

有一个学期，小小包班上先后换了三位老师，他大概觉得很难适应，哭着不肯去幼儿园。我理解他，哄了他两天，他还是不肯上学。第三天，我干脆直接把他拖到了幼儿园。当天回来之后，他的情绪就恢复正常了，他大概也已经明白，不上学这件事已经触碰到了妈妈的底线，绝不可能被允许。

所以，在平时的教育中，家长不能让高度敏感的孩子觉得自己是特别的，该管教的时候还是要管教。

最后，送给每个"家有难带娃"的妈妈一段话，这是一位老师写给要去考试的孩子们的话，每次读起来我都感动到哽咽：

这个考试并不能涵盖所有让你们每个人出类拔萃、与众不同的方方面面。

那些打分的老师并不知道你们当中有的人爱唱歌,有的人画画很好,有的人乐于教别的同学使用电脑软件。……

他们并不知道你是你朋友难过时的依靠;不知道你积极参加各种体育运动;不知道你在家里是爸爸妈妈的好帮手,是弟弟妹妹们的好玩伴。……

因为这些优秀的品质,并不能通过考试体现出来。

……从那个分数里,看不到你已经独自解决了那些让你觉得费劲的难题,看不出你的老师因为你的熠熠生辉而感到万分骄傲,也体现不出你是如此独一无二。

……最重要的是记住:永远没有唯一的方法能"测试"出你所有的优秀品质,而正是这些优秀的品质让你成为"你"。

包妈碎碎念
FRAGMENTARY THOUGHTS

我想说,父母学习很重要,如果我没看书,对孩子不理解,可能就会数落他。现在我从根本上了解了他,从情感上和他产生了共鸣,我们的关系一下子拉近了很多。我现在虽然每个月都在出差,陪他的时间比原来少了很多很多,但我俩的关系明显更亲密了。

你在"欺负"孩子,还不自知

"你知道为什么挑食的孩子很多,却很少见挑食的父母吗?"

朋友的一个问题把我问得一愣:是啊,为什么呢?

"因为父母从来都不买自己不爱吃的菜啊!"

哈哈哈!虽然这只是个玩笑,但仔细想想,好像还真是这么回事。比如我妈不吃萝卜,所以她从来不做;而我不爱吃姜,所以我做饭也很少放姜。

尽管我们一直强调孩子营养要均衡,什么都要吃一些,但在实际生活中,我们还是很少买那些自己不爱吃的菜,对不对?

其实不只是在吃饭上,在很多方面,我们都把自己的意愿强加给孩子。

我们给孩子的都是自己喜欢的

大多数妈妈在怀孕的时候,就开始给娃准备各种东西,有的甚至连孩子上幼儿园的书包都买好了……

听上去有些不可思议对吧?可我堂姐就是这样。

记得她快到预产期的时候,我发现她已经把家里的小储藏室堆得满满当当的了,而且几乎所有东西都是粉粉的,因为她自己超级喜欢粉色，而且一直认为自己怀的是个女儿。

结果她生的却是个八斤重的大胖小子……

然而，她固执地继续给孩子用之前买好的那些物品。前几个月还好，家里人都知道是个男娃，可是后来抱出去遛了，总有人说你家的小姑娘长得真可爱……这也怪不得人家，那么小的孩子，着实不太好分辨性别，一看娃穿得粉粉嫩嫩的，自然就认为是个小丫头了。

后来在姐夫的强烈反对下，堂姐才决定把一部分东西送人。我去帮忙收拾时，发现好多娃三四岁才能穿上的衣服，还有上学才能背的小书包，当然都是粉色的……你能想象一个男孩背着粉色的书包去上学，然后被别的同学围观甚至取笑的场景吗？他会多么委屈啊！而这都是因为妈妈固执的偏好啊！

也许，像我堂姐这种有点极端的妈妈并不多，但我们有时买东西也难免会遵从自己的喜好，而忽略了孩子的诉求。我自己就因为太喜欢一套情景扮演玩具，安慰自己男孩子也会玩过家家，所以买回一套。结果……唉，说多了都是泪。我改！

妈妈眼中的娃娃家　　　　　　在兄弟俩手里秒变停车场

不要强迫孩子放弃他喜欢的

周末的时候,我带兄弟俩去公园玩,里面有一个卖糖画的小摊子,旁边毫无意外地围了很多叽叽喳喳的小孩子:

"我要小猴子!"

"我要小蝴蝶!"

"给我来个大恐龙!"

我家那兄弟俩也迈不动步了,揪着我的衣服要买糖画,我只好带着他俩排在长长的队伍后面。

排在我们前面的妈妈和孩子发生了小争执:

"妈妈,我想要那个大笑脸!"

"那就是画两笔的事,哪有小动物有技术含量,买小猴子吧!"

"可是我喜欢笑脸!"

"你这孩子是不是傻?这么简单我也能给你做,还在这儿排什么队!"

"可是……"

"再说就不买了!就买小猴子,小老虎也行!"

"……"

最后,我看着这个孩子哭丧着脸,拿着一个小猴子的糖画走了。

确实,和其他糖画比起来,那个笑脸的糖画是过于简单了,可我们为什么要给孩子买糖画呢?说实话,糖画不好吃,也没啥营养,还不就是因为孩子喜欢嘛!

如果我们非要用这种强硬甚至威胁的方式让孩子屈从于我

们的选择，孩子根本就感受不到快乐，那我们买它的意义又在哪儿呢？

不过，我也能理解那个妈妈的心情，因为当看见师傅要用三四分钟给别的小朋友做一个大蝴蝶，而只用了不到10秒就给两个包子做了两个笑脸的时候，我也差点一口老血喷出来……

其实，如果让我选，我也更希望他们买两个"技术含量"更高的糖画。

不过，这和兄弟俩的笑容比起来，就一点都不重要了。因为我现在看到的是四个笑脸呀！

接受孩子喜欢我们不喜欢的

作为两个男孩的妈妈，我其实一直不明白那些蜘蛛、蛇和大虫子的模型那么丑陋，为啥他们还那么喜欢。而他们也曾经好奇为啥我和包爸喜欢吃臭臭的榴梿，迷你包还曾经问："爸爸你为什么要吃屎啊？"哈哈哈哈……

其实，我们每个人都有自己的喜好，小孩子也一样。有时候，他们喜欢的东西和我们喜欢的东西会大不相同，这太正常了！

那我们该怎么做呢？其实很简单，孩子喜欢什么，想做什么，只要不伤害别人和自己，就让他去喜欢，让他去做呗！

这真的没啥大不了的，要记得这世界上还有种原则叫彼此尊重，彼此宽容！

包妈碎碎念

FRAGMENTARY THOUGHTS

谁不希望孩子独立,有主见,有自己的判断力。殊不知,很多小事正在毁掉孩子独立思考的能力。多问问自己,我是不是在把自己的意愿强加给孩子?我能接受孩子选择我不喜欢的东西吗?这是最高级别的尊重。

建立更棒的亲子关系,只需一个动作

浏览微博时,看到两张图,让我心里一颤,然后又有种恍然大悟的感觉。

先给大家看一下这两张图。

第一张是妈妈和孩子说话时的两种状态,左边是站着的,右边是蹲着的。

大家有什么感觉?是不是觉得左边的孩子仰着头很累啊?

没错！这么仰着头听别人说话，时间长了，脖子酸不说，眼睛也会很痛，而且还会听不清对方在说什么。

所以，让孩子感觉最舒服的说话方式应该是像右边这样蹲下来，让孩子可以平视你。

如果只是这样，倒也不至于让我太过注意，真正让我吃了一惊的是第二张图——当妈妈和孩子说话时，孩子看到的妈妈是怎样的。

同样的妈妈，给人的感觉是不是真的不一样？

站着的妈妈看上去像个巨人，而且有点凶凶的；蹲着的妈妈看上去就和蔼可亲多了。

想想如果你是个孩子，会更愿意和哪个妈妈说话？答案是显而易见的吧！

所以，如果你想知道孩子的想法，想和他沟通，那么最有效的方式就是蹲下来和他说话。

孩子眼中的你是哪一个？

蹲下来,你才能走进孩子的世界

很多妈妈说自己很爱孩子,但孩子不听话的时候,还是会忍不住发火。

下次发脾气之前,妈妈们可以试试先蹲下来。也许你会发现孩子"不听话"的背后,竟有这样的缘由。

为什么孩子明明不累,却蹲在地上不肯走?

蹲下来,你会发现,在孩子的视野中,可能有一朵含苞待放的小花,可能有一群正在搬运食物的小蚂蚁,或者只是有一块奇形怪状的石头。

不管怎样,想近距离地观察自然才是他不肯走的理由。

为什么好好地逛着景点,娃突然就哭了?

蹲下来,你会发现,你眼中的美景在孩子看来是看不完的屁股、大腿和走不完的路。

孩子犯错的时候,你说他,为什么他不肯听?

当你高高在上地数落孩子时,你看得到孩子的表情吗?

看不到,所以你也感受不到他的委屈、害怕和悲伤,你只顾着发泄自己的情绪,却忽视了孩子的情绪。

而当孩子的情绪得不到释放时,他就会沉浸在自己的不良情绪中,根本听不到你说了什么。只有在自己的情绪被认可、被疏解之后,他才会去思考其他问题,比如到底哪里做错了。这就好像我们和老公吵架一样,当你在气头上时,老公和你讲道理有用吗?没用!哪怕他是对的也没用,是不是?

美国著名心理学家桑代克说过,父母只有站在孩子的角度去看问题，才能理解孩子的心理需求，而不武断地下结论，这样才能减少与孩子的冲突，赢得孩子的信任。

所以，在我们想发火前，先蹲下来吧，真正去看看孩子看见了什么，也真正去了解孩子的喜怒哀乐，去感受一下他的世界。

蹲下来，教育孩子 so easy（如此容易）!

当你蹲下来时，孩子会更愿意和你交流，这是因为：

● 蹲下来时，你会不自觉地降低自己的语调，说话听上去会更加温柔

当你想发火时，蹲下来，你会发现自己好像也没那么生气。尤其是看到孩子已经知错，等着挨说时那副胆怯的小表情，你真的会心软，也就不会再大声吼孩子了。

这样一来，孩子也能听清我们的话。大家可能不知道，如果我们大声吼孩子，孩子会默认为这是噪声而自动屏蔽。这可不是他们的主观意愿，而是正常的生理反应！

● 孩子看到你的表情，可以加深对你说话内容的理解

人都是视觉动物，对孩子来说，看到你的表情和动作，能加深对你所说的话的理解。

你很严肃地和他说话，他就知道你是认真的，所以他也会认真地对待。你做出生气的表情，他就知道做某些事会让你不开心，以后不要做了。这可比干巴巴的话好理解多了！

● 孩子感到自己被尊重

孩子都是很敏感的，当你蹲下来和他说话时，他能感受到你把他放在和大人同等的地位，感到自己被尊重。

这样他就会更愿意和你交流，分享他的想法，也更听得进去你的教导，这比你居高临下地批评他要有效得多。

所以你看，想走进孩子的世界，想让孩子听话，也没那么难嘛，只需做蹲下来这一个动作，你在孩子眼中就自带温柔光环了哦！

包妈碎碎念
FRAGMENTARY THOUGHTS

> 想想我们自己被别人误会都会急得跳起来，何况是还不太会表达的孩子。咱们不能一边说着要和孩子成为朋友，一边用大人的思维去评判他们言行的好坏。走进孩子内心并不难——蹲下来，用和孩子一样的视角与他们对话。试试看吧！

不被比较的孩子,才有机会做自己

"你家孩子比我家孩子还小,都会自己绑鞋带了。"

"你家孩子数学考了100分,我家的才80分。"

"你家孩子真活泼,我家的就不爱动。"

…………

这样的话你是不是无比熟悉?家庭聚会亲戚聊自己家的孩子时,接孩子放学家长聊天时,你带孩子在小区里遛弯时……只要是有孩子的地方,你都能听见这样的话。

这就是我们被比较的人生!

我们都是被比较的一代人,从小活在"别人家的孩子"的阴影下。长大后,我们知道父母有望子成龙、望女成凤的美好愿望,知道父母希望自己的孩子和别人家的孩子一样优秀,知道自己在父母眼中永远不完美。

可是,这样真的有意义吗?

被比较的孩子会给自己的人生设限

经常被父母拿来和其他孩子比较,孩子很容易和别人形成竞争、对立关系,从而影响他和同学、朋友之间的关系。

小说里或者电影里常有这样的情节：一个调皮捣蛋的坏学生欺负一个品学兼优的好学生。为什么？谁叫老师夸奖你，我的爸爸妈妈也夸奖你，对大人我没办法，那就欺负你，从你这边找回来。谁叫你学习那么好，谁叫你是大人眼里的乖孩子！

孩子形成了这样的思维定式，长大后，在潜意识里会对"别人家的孩子"产生抗拒，不管是在学业上，还是在事业上，都会给自己设下无形的界限。

我们常说，人生不设限，如果父母给孩子从小设下一道深深的鸿沟，又如何能让孩子跨过去呢？孩子在心理上设下这样的防线，很可能会对未来有不良影响。

每个孩子都是独一无二的，他们是活生生的人，又不是生产线上的产品。如果想让孩子有更好的发展，可以说出自己的期望，而不是跟别人攀比，这样会在孩子幼小的心灵里烙下不良印记。

引导孩子做独一无二的自己

望子成龙、望女成凤的心情我懂，但世界上没有完美的小孩，我们也不是完美的大人。每个孩子都有自己的优点和缺点，如果只放大缺点，而忽视优点，只会有害无利。

如果你竭尽全力让孩子改正所谓的"缺点"，那么最好的结果可能就是把他们打造成"合格的一般人"。

这是你想要的吗？

一味地勉强孩子达到别人的程度，只能说，他永远都是在追随别人的脚步，而以自己的弱势追赶别人的优势，是永远也赶不上的。

倒不如试着站在孩子的角度看问题，引导孩子扬长避短，让他们做独一无二的自己。

那些所谓的"短处"并不能决定一个孩子是否优秀,胆量不能,性格不能,成绩更不能。之前有一位妈妈给我留言,她是一位单亲妈妈,既当爹又当妈,她在教育孩子的时候特别用心,但又有点追求完美主义。

举个例子,孩子在幼儿园很调皮,不听老师的话,她就天天盯着孩子,说孩子表现不好,弄得孩子有了心理阴影,甚至不想上幼儿园了。后来这位妈妈通过和幼儿园的老师交流,才发现孩子在幼儿园会把玩具分享给小朋友,并非没有闪光点。

后来这位妈妈改变了方式方法,用肯定和激励让孩子改掉不足之处,变得更加自信。

包妈碎碎念
FRAGMENTARY THOUGHTS

> 很喜欢一句话:注定在冬天才绽放的蜡梅,就不要催着它在夏季开放。自己家的孩子,不论是什么性格,都是不可多得的宝。所以,孩子,你也慢慢来吧!因为这一辈子,做自己比什么都重要!

家有输不起的孩子，怎么办？

有一次出差在外，忙里偷闲给孩子们打视频电话，结果发现弟弟哭得很凶。询问了姥爷才知道，弟弟和哥哥比赛跳绳，谁赢了就能得到巧克力。

猜都不用猜，哥哥当然赢了弟弟，不服输的弟弟提出进行第二轮比赛，可是依旧没能赢过哥哥。好了，情绪崩溃的弟弟躺在地上大哭，任凭姥爷怎么哄都没用。

哥哥就在一旁开启讲道理模式："弟弟，你输了就是输了，你要认输，不能耍赖。"姥爷也在旁边附和："是啊，男孩子怎么可以输不起呢！"

这个问题，说实话也挺让我烦恼的。

后来和一同出差的一个教育专家聊了一下，我豁然开朗了。

他说，他也遇到过很多妈妈和他诉苦：

孩子爱下棋，赢了扬扬得意，输了就开始埋怨，要求再下一盘，直到再次赢了为止；孩子喜欢拼图，要求家人都在旁边陪着他拼，但是不准任何人拼得比他快；孩子很喜欢轮滑，但参加了两次轮滑比赛都未得奖，心灰意冷就放弃了。

家里有一个输不起的孩子，怎么办？

输不起是人的天性

"输不起"在我们成年人看来好像就是一个贬义词。

但是,怕输或者说不喜欢输是一件正常的事,毕竟没有人会为了输而去参加比赛。

比赛比赛,不就为了比个好成绩嘛!

放到孩子身上来看,他们还太小了,他们更多的是希望通过赢得比赛来获得成就感和安全感,得到父母更多的关注和肯定。因此在输掉比赛后,他们自然会沮丧、难过。

可以肯定地说,孩子在幼年的时候,尤其是10岁之前,不接受自己的失败,这是一种积极进取的表现。

在体育竞技中,以弱胜强的经典战例比比皆是,若没有进取心,一路猛冲,胜利又从何而来?

所以啊,如果这个年龄的孩子毫无欲望,完全看淡输赢,那才需要注意呢!

让孩子哭,然后学会共情

不过,有妈妈说了:孩子输不起哭闹起来真的很烦心,让人手足无措,怎么办?

其实最简单的方法就是让孩子哭,然后学会共情。

我曾经提到过布琳·布朗(Brené Brown)在一次TED(美国的一家私有非营利机构,以其组织的TED大会著称)演讲中播放的掉进地洞的狐狸与鹿和黑熊的故事。

一只狐狸掉进了黑暗的地洞里，我们可以想象成孩子突然落入情绪的低谷，他无助而害怕地大喊："我被困住了，这里真黑，我完了！"

鹿看到后，在洞口探出头说："嗯，你是挺倒霉的，不过现在你想吃点三明治吗？"

当狐狸说他实在太痛苦了时，鹿总是喜欢用"至少……"回答他：

"我流产了。"

"唉，至少你知道你能怀孕。"

"我没有拿到第一名。"

"至少你已经远远超过其他人了。"

…………

但是，黑熊是这样做的：

他看到掉进地洞的狐狸，先是走下来，然后对狐狸说："我能理解你此时此刻的遭遇，你不是一个人。"

当狐狸倾诉一些不好的事情时，黑熊蹲下来抚摸着狐狸的头说："我不知道你身上到底发生了什么，但我很高兴你能跟我说这些。"然后和狐狸来了个拥抱。

黑熊就是真正懂得共情的人。

他设身处地，安静陪伴，其实是把自己拉回过去类似的痛苦情绪体验里，然后感同身受地去接纳和理解狐狸的感受，从而与狐狸建立情感连接——"你此时的遭遇我都经历过，我懂你心里的不快"。

他用心体会别人的感受，然后进行沟通，这比轻易对别人做出评价，比如说"至少……"这样的话好太多，因为这样的话总给人一种"好吧，这已经是你的上限"的感觉。

仔细想想，我们在孩子陷入负面情绪时，不是也曾这么安慰过孩子吗？"我知道你很难过，但这没什么，你已经很棒了。"我们看不得孩子哭，所以我们想要用所谓"共情"的方式安抚孩子，让孩子快点摆脱负面情绪。

其实，孩子闹脾气时，需要的不是一个评判或者一句鼓励的话，而是真正的共情——陪孩子待在黑暗里，真正理解他的情绪，哪怕让他放肆地哭一会儿。

就像故事中的黑熊那样，走进自己内心深处的痛苦地带，并与孩子共同经历这场情绪低潮，让孩子感知到我们确实是理解他的感受，也愿意陪他重拾快乐的。

当然，我们在平时可以这样做：

● 不要过早地让孩子学习与年龄不符的竞争性的游戏规则

在动画片《小猪佩奇》的《狐狸先生的货车》这一集中，几位小朋友进行自行车比赛，结果所有小朋友同时到达比赛终点。

狐狸爸爸从自己的货车上给每个参赛的小朋友找到一个奖杯。小朋友们人手一个奖杯，都露出了开心的笑容。对年龄比较小的孩子来说，重要的是在参与游戏的过程中构建起自己对世界的理解，体验游戏的乐趣，而不是胜负。

● 不要过度用语言和行动强化竞争的结果

我们平时喜欢对孩子进行嘉奖，除了语言上的夸奖，还有物质奖励，这样会使孩子把对游戏本身的兴趣转移到奖品上。

孩子四五岁的时候，我们可以慢慢帮助他们认识遵守游戏规则的重要性，可以跟孩子说，不可以耍赖，耍赖会让你成为不受欢迎的人，没人愿意跟你玩。让孩子认识到游戏中总是有输有赢，以平常心对待。即便这次输了，也没关系，找出原因来，下次就可能赢。

我们要强化孩子努力、进取，面对失败不气馁的心理素质，而不是一味夸赞孩子"真棒"，这样孩子下次就不知道该如何努力了。

包妈碎碎念
FRAGMENTARY THOUGHTS

> 纪伯伦说，一个羞赧的失败比一个骄傲的成功还要高贵。告诉孩子，输了真的没什么，坚持总能赢，因为赢永远会比输多一次机会。

CHAPTER 2 第二章
有效的亲子沟通直达孩子的心

不吼不叫,让孩子"听"你的

当我们在想孩子为什么就不能爽快利索地去写好那几页功课的时候,孩子也在想爸爸妈妈为什么就不能耐心地坐下来陪着我,看着我折好这只纸飞机?

不是我们的孩子太叛逆,而是他无法接受一个事实——在父母的爱里,他从来不是主角,父母才是。

爱不等于控制

在一部分家长眼里,小小年纪打耳洞、染头发的女孩,一定是"问题少女"。

之前,因为头发染了色,黄磊的女儿多多被推上了热搜。

照片里,多多一头短发染成了酷酷的紫色,看上去既可爱又精神。但许多网友不买账,认为多多的打扮太成熟,不合适。

"才13岁就这么爱打扮,难道不应该专心读书吗?"

"学生可以染头发了?"

"这才几岁,弄成这样不难受吗?"

然而,在这场争论中,更多的人留言表示"超级羡慕这样的家庭里教育出来的孩子"。

很多网友都说自己小时候因为爱美被父母骂过，留下了很深的心理阴影：

"像个妖怪！"

"难看死了！"

"有没有自尊心？！"

为什么有的父母不允许孩子爱美呢？

因为他们坚信这样一个荒谬的逻辑——爱美就有变坏的苗头，所以觉得不狠狠打击，孩子就可能会滑入变坏的深渊。

所以，"我管你，打击你，就是在为你好"。

有些父母习惯于使用强权去管教孩子。而使用强权也的确立竿见影，孩子真的去写功课了，即便眼泪在眼眶里打转，即便低着头噘着嘴，可功课确实完成得又快又好。然后他们觉得使用强权这个办法真好，快、狠、准。

可但凡特效药，必有副作用。副作用就是你眼前这个孩子恐怕会越来越被动，越来越讨厌写功课，越来越叛逆，在父母看不见的时候，变本加厉地做那些被禁止的事情。

朋友说她小时候非常喜欢画画，常常在作业本或书的边边角角上画画。这让她妈妈非常紧张，认为这孩子上课肯定不好好听讲，放学肯定没认真写作业。尽管朋友成绩一直不错，但还是屡屡被妈妈骂，一遍遍当着亲友的面数落她。她说，也不知道为啥，越是这样，她越是忍不住想画。

后来朋友上了高中需要住校，妈妈哀叹道："这下好了，没我监督，你可以随便画了。"你猜怎么着？没有了妈妈的指责，她反而再也没有画过一次。她说自己长大后才明白，妈妈越控制，她潜意识里的反抗情绪越强烈。就像两个人掰腕子，一个人使劲，另一个人也只能拼尽全力抵抗。当一个人不再用力时，抵抗也就随之消失了。

而我想说这些还不是最致命的，孩子在父母那里感觉不到爱，感觉自己做什么都是错的，感觉自己是个坏小孩，这才是会让我们追悔莫及的后果。

你知道吗，有些事情，老师可以做到，父母不可以。这就好像有些事情，老板可以做到，老婆不可以。

为什么我们常看到男士们对老板交代的工作任劳任怨，却对妻子布置的任务置之不理？原因很简单，完成老板的指令是由角色义务驱使的，而完成妻子的指令是由爱驱使的。

而爱从来都不是控制，更不该有所图谋。

我一直很感谢我妈妈，她在我小时候偷偷涂口红、穿高跟鞋的时候，从没打击过我，让我能够自信、快乐地长大。在我高考发挥不佳的时候，她没有埋怨指责我，从没说过"天天就知道臭美，看看你的成绩"这种伤人的话。

父母越是不说我，我越是自责难受，暗暗发誓一定要更加努力。他们让我看到，爱的目的不是得到你想要的，爱是为了你所爱之人的福祉去做些什么。无论如何，事实是当我们听到肯定的话语时，就会受到激励，愿意回报，更可能去做一些让对方高兴的事。

那么，为什么不能多肯定一下孩子呢？

如何让孩子学会"合作"？

● 用行动代替唠叨

身教重于言传。唠叨千百遍，不如闭上嘴，迈开腿，自己先做个样子出来。

朋友家的孩子不爱学习，妈妈一度辞职在家"鸡娃"。母子俩每天搞得鸡飞狗跳，孩子成绩也不见起色。过了一两年，朋友觉得再这样下去，自己要抑郁了，于是决定重新回归社会。

她在书房一角给自己添置了一张书桌，埋头一本一本啃专业书，每天忙忙碌碌也顾不上唠叨娃了。孩子好奇地问妈妈为什么要这么辛苦，妈妈说，社会变化太快了，不学习就会被淘汰呀。孩子听了若有所思，没说啥。奇怪的是，他慢慢没那么想看电视玩游戏了，也跟妈妈一样，经常拿着书坐在书桌前翻着读着，开始5分钟，后来10分钟，逐渐可以坐到一个小时。这变化把全家人都惊呆了。

记得一本书中说，视觉图像比语言更有力量。如果你天天看手机，就算跟孩子说再多次你要读书，也没有意义。但如果你什么都不说，每天坐在那儿默默地阅读，那么孩子也会爱上读书。

所以呀，希望孩子有什么样的状态，我们自己就先做到什么样，孩子就不会差到哪里去。

自打我开始泡健身房、吃减脂餐，包爸和包子们突然也对健身产生了兴趣。包子主动要求和我一起去健身房跑步，抢着吃我的凉拌菜。包爸没时间锻炼，靠控制饮食，两个多月竟然减重15斤。行动的力量真是不容小觑。

● **有智慧地引导**

朋友家的小姑娘上小学后开始一个人睡，她还不会收纳整理，房间里的书桌每天乱糟糟的，妈妈想要教她整理，她理直气壮地一口回绝："我就喜欢在这样的桌子上写字画画！"嘿！竟然无法反驳。

朋友啥都没说，趁着姑娘睡觉，悄悄把书桌收拾干净。第二天，孩子一起床，看到整洁的桌面，非常惊讶。妈妈说："这一定是清洁天使做的。"孩子将信将疑。

又过了几天,妈妈跟女儿说:"哎呀,你好朋友的房间真漂亮!"顺手把小姑娘好朋友整洁的房间照片给她看,再不多说一句,转身忙自己的事去了。晚上进姑娘房间一看,干净整洁得让她惊掉下巴。

真是一个有智慧的妈妈!

其实如果你仔细观察,会发现有经验的幼儿园老师都非常懂得引导的智慧。比起简单粗暴、效果不咋的的吼娃,我们真应该多动动脑子,想想如何让孩子心甘情愿地去做事。

● 让孩子自己做主

如果临睡前孩子突然说今天的作业忘写了,你会怎么处理?

尹建莉老师就遇到过这样的情况,孩子玩了半天,该上床了才想起来作业没写。爸爸急了:"别睡了,赶紧起来去写作业!"孩子又累又困又心急,快要哭了。

尹建莉老师是这么做的:

她先安抚孩子的情绪:别着急,大人有时候也会忘记一些事情,妈妈相信你不是故意的。

然后,她引导孩子去解决问题。她告诉孩子,这件事有三种解决办法:晚睡一会儿,把作业写完;或者第二天早点起床把作业补上;如果都不愿意,也可以直接去和老师说自己忘记写了。

最后孩子想了想,选择完成作业再睡觉。

如果尹老师在得知孩子忘记写作业之后发一通脾气,然后再命令孩子立刻把作业写完,孩子或许会带着恐惧完成作业,但他内心很可能并不把写作业当成自己的事。把这件事完全交给孩子,让他自己做决定,孩子就完全是另一种心理状态了。

我经常向孩子传达的一个观念就是,这件事是你自己的事,妈妈信任你,所以把它全权交给你自己处理。

只有当孩子感到自己被信任的时候,他的潜力才能被全部激发出来。

● **信任并不等于毫无底线地放纵**

有一天早上,上学时间已经到了,但小小包仍然坐在沙发上,说今天不想上学了。一问才知道,老师要求全班同学轮流演讲,那天刚好轮到他。小小包担心自己表现不好,所以连课都不愿意上了。

我知道他是个内向敏感的孩子,对于在公共场合演讲,他天生有一种恐惧。

我安慰他说:没有人天生就擅长演讲,你可以通过练习取得进步。就算这次演讲的效果不好,妈妈也不会怪你,因为你已经努力过了。

那天演讲的效果确实不太好,但我依然告诉小小包,今天你能站上台就已经非常棒了。

在这件事上,我的底线就是小小包必须去上课,但我可以接受他表现不理想。

包妈碎碎念
FRAGMENTARY THOUGHTS

> 在孩子成长的过程中,我们也许对孩子有着太多的控制与期望,这种"爱的期望"会从根儿上摧毁亲子关系。是时候放弃控制欲,扔掉期望值了,不要用我们有局限的期望值束缚孩子未来的无限潜能。

张口就来的表扬,没用!

现在育儿界流行一个观点:好孩子是夸出来的。

要说夸孩子,包妈肯定是举双手双脚赞成的。因为夸孩子除了能培养孩子的自信心之外,还能促进良好的亲子关系的建立。

为了让小小包和迷你包成为自信、敢于尝试的人,平时我会用各种花式夸法夸他们。而我身边的朋友,也都很喜欢表扬孩子。

然而,我发现很多爸爸妈妈或长辈的表扬很多时候是无效的,不但起不了积极作用,反而容易导致孩子自以为是,骄傲自满。

不信?往下看!

这些表扬是无效的,你中招了吗?

● 第一种:张嘴就来的表扬

经典语句:"哇,你太棒啦!""你真厉害!""你好能干啊!"

从孩子还小的时候开始,孩子第一次爬,第一次走路,第一次开口说话,第一次独立吃饭……大人们似乎抑制不住心里的喜悦,脱口夸赞道:"你好棒啊!"

再大一些,孩子自己穿了鞋,在幼儿园完成了一幅很棒的作品,或者在家里帮大人做了家务,得到的夸赞依旧是"你真棒"。

这种没有针对性的表扬，虽然会给孩子短暂的激励，但是从长远来看，孩子并不知道自己哪里做得好，只会盲目地寻求他人的认可。

● 第二种：夸大天赋的表扬

经典语句："你真聪明！""你简直是天才！"

一个劲夸孩子"聪明"的家长也不少吧，夸孩子聪明是一种夸大天赋的表扬，盲目地夸孩子聪明，会扼杀孩子进步的愿望。

《看见成长的自己》一书的作者卡罗尔·德韦克曾经做过一个研究，研究表明，那些习惯于戴着"聪明"光环的孩子更难去面对和接受失败，因为他们一旦遇到一点小挫折，就会一蹶不振，并且把这归因于自己很笨。

所以，表扬也是一门学问。想要掌握正确的表扬方法，让我们继续看下去。

夸孩子有套路

● 别嫌啰唆，表扬要具体

前面提到，很多宝宝第一次做出一些事情的确给家长带来了无限惊喜，在表扬的时候，我们要指出具体事实，这样他才会知道自己哪里做得好。

比如孩子今天早起独立完成洗漱，你可以说："今天你自己刷牙洗脸了，而且洗得很干净，很棒！"相比简单的三个字"你真棒"，具体的表扬会让孩子更容易理解，也会让他知道今后该怎么做。

● 注重过程，过程一样精彩

结果很重要吗？也许吧！但是过程一样精彩！我们表扬孩子无非就是想让他们更自信、更勇敢，所以真正有效的表扬一定是能鼓励孩子继续前进的,而不是让他们为了得到大人的肯定而去做什么事。

有一次,小小包的美术作品没有被选中贴在学校的展示墙上,他有点失落,我蹲下来抱了一下他,然后跟他说:"那幅画妈妈知道你很认真地画了一个下午,画的颜色比上次更丰富了,形象也更生动了!下次再画,一定会比这次有进步……"他顿时开心地笑了。

有时候,详细地说出孩子付出的努力也是有益的赞美。

"你来来回回帮妈妈搬了好几趟东西,很能干哦!""你每周都练习,所以你的英语口语考试顺利过关了!"这些话都是对过程的肯定,这样的表扬比笼统地说"你干得好!""你真棒!"更有意义。

● **不夸聪明,要夸努力**

研究显示:常被夸聪明的孩子更喜欢做容易的事情,因为这样能一直被人夸;而常被夸努力的孩子更喜欢挑战困难的事情,因为他们享受成功后被别人赞美。

前者会认为自己"天生聪明,无须再努力",遇到失败,会否定自己;后者在人生的道路上会越挫越勇。所以,一句"你很努力"比"你很聪明"强得多。

记得多对孩子说"你自己的事情都能自己做了,你很努力""这些题你都答对了,你很努力""这次演出成功了,你很努力"。要让孩子知道,一切都是他通过后天的努力得来的,而不是因为天生聪明而被赋予的。

不同场合有不同的夸法

我们都知道,夸孩子的质量比次数重要得多。和很多成年人的游戏规则不同,夸孩子更多的是针对过程和孩子的特质,而不是结果。

不同的场合，有不同的夸法：

1. 使劲夸：孩子在幼儿园要讲故事，他兴冲冲地回家努力练习，这时候我们就应该进行夸奖，因为不论他最后讲得比别人坏还是好，他的努力都已经超越了结果本身。

2. 适当夸：如果孩子只是在游乐场里上蹿下跳地玩耍，你只需要肯定他的勇敢就行了，不要过度夸他，因为这对他来说只是一种娱乐。

3. 谨慎夸：很多父母或者长辈喜欢夸孩子聪明——"宝宝你好聪明哦！"其实这样的夸赞方式是很有争议的。总被夸"聪明"的孩子会害怕对未知领域的探索，更喜欢在自己能掌控的范围内行动。

4. 别这么夸：还有一点需要注意，要避免用买礼物的方式夸孩子，这样很容易让孩子努力的目的变得不纯粹。对孩子来说，父母的拥抱和语言上的鼓励才是最直接、最有效果的赞扬方式。

包妈碎碎念
FRAGMENTARY THOUGHTS

> 有时候我穿了新衣服，会打趣地问孩子："妈妈美吗？"看书的他们头也不回地答道："美！""哪里美？""哪里都美！"一旁的包爸接过话茬。我心想：这明显就是敷衍我嘛！所以，当我们对孩子说"你真棒"的时候，孩子是不是也并没有那么开心呢？表扬是一种情感表达，除了说"你真棒"，真的希望爸爸妈妈都能用具体的语言来鼓励和肯定孩子的良好行为。这也是一种用心，你说是吗？

坏脾气会传染

养了孩子,你就好像成了个炸药包,孩子随时可能会点燃你的导火线。很多容易冲动的爸爸简直时时刻刻处于爆发的边缘。

但是,我想说的是,面对我们幼小的孩子,请控制下自己的情绪,不能让娃觉得咱像个炸药包,一点就着。更不要轻易对孩子动手!

社会上曾经有把孩子打伤打死的新闻:江苏省常熟市一名四岁的男娃被爸爸用皮带抽打十分钟,送医抢救无效死亡,非常令人心痛。

我想对这些坏脾气的爸爸说:记住,世界上没有后悔药卖,孩子又不是你充话费送的!教育孩子的手段有很多,咱们需要管理好自己的情绪,一定要心平气和,不能粗暴地打孩子。

忙不是理由

白天上班累成狗,回家还要看孩子,有时候忙得连口水都没空喝。如果这时候孩子过来黏你,你会不会脱口而出"不要烦我!"?孩子好奇心旺盛,向你问这问那,你会不会边玩手机边敷衍?

想起去闺密家串门,闺密三岁的女儿悦悦很可爱,和妈妈在一起时,孩子很自在,但只要爸爸靠近,她就会变得怯生生的,不太愿意跟爸爸说话。闺密告诉我,悦悦以前喜欢黏爸爸,但爸爸总是说:

"和妈妈玩去,爸爸忙着呢。"一次两次可能没什么,但多次被拒绝之后,悦悦就不愿意和爸爸亲近了。

因为没有十月怀胎的感情纽带,新手爸爸确实不像妈妈那样爱意泛滥,面对一个软趴趴的小婴儿,一定是慌乱不知所措的。

忙只是一方面原因,更主要的是不知道怎么哄娃陪娃,谁愿意做自己不擅长的事呢?

在带娃这件事上,包爸的成长速度让我服气。升级做奶爸后,最初他也是什么都不会的"小白",但他愿意主动学习育儿知识。这么多年来,我们俩一直是一块儿学习如何为人父母的,而不是说带孩子就是我一个人的事。

小婴儿阶段,爸爸带娃可能更多的是出于一种责任感,宝宝两岁后能跟爸爸互动了,我明显发现包爸更享受跟孩子一起玩了。

很多爸爸内心里都住着一个大男孩,"玩商"高,加上脑回路清奇,带娃画面让人哭笑不得。但你不得不服,娃就是很吃这一套,就是爱跟爸爸疯玩傻闹。

因为看了不少育儿书,包爸懂孩子的各个敏感期的心理,他真的发自内心地理解孩子,加上男性特有的理性,出现一些问题的时候,他反而比我处理得更好。

我跟很多妈妈一样,看个朋友圈呀,在群里聊几句呀,难免就会比较焦虑,功利心比较强。道理谁都明白,但有时就是站不到那个高度,整个人都被焦虑支配了。

这时男性的优势就显现出来了,在让妈妈崩溃的一些事上,爸爸的视角完全不同:

第一次上早教课,别的孩子都活泼好动,小小包呆呆地站在一旁,我特别焦虑。

包爸完全不把这当回事：干吗要跟别人一样呀？

二宝有时动作特别慢，我这急性子的妈简直抓狂。

包爸自己就慢慢悠悠的，他觉得挺好的，从来不催孩子。

哥哥考试差了几分，包爸说：差那几分怎么了？

培养孩子的兴趣，他说喜欢最重要，不逼孩子，不功利。

在教育孩子方面，包爸一直是我的后盾。很多时候，是他安抚了我，让我没有那么焦虑。我想这就是爸爸参与育儿的价值和意义。

孩子的成长是很快的。有的孩子说"爸爸，你再不陪我，我就长大了"，真的是这样。我们的世界很大，孩子的世界很小，小到在人生的最初几年里，只看得到爸爸妈妈。

不要抱怨熊孩子难带，用不了几年，他就会上学，有自己的朋友圈，有自己的小伙伴，然后离家住校，一步步离我们而去。

到那时，你就会特别怀念为他起夜换尿布的日子；看着他蹒跚学步、牙牙学语的日子；和他一起玩幼稚的游戏，一遍遍翻看同一本绘本的日子……

这些日子很快就会过去,趁着孩子还没有长大,我们还没有变老,趁着孩子还跟我们在一起,好好珍惜他把我们当成整个世界的每一天吧!

扔掉你的坏脾气

生活中还有一种情况,就是面对孩子的需求或一些不良行为,我们常常表现出不耐烦,甚至粗暴地制止。孩子看到突然变脸的爸爸妈妈,哭得更厉害了。

闺密的老公在给孩子讲了好几个故事,都没能让孩子入睡后,气得打了孩子屁股几下。结果,孩子哭惨了,他伤心地指着爸爸,不明白爸爸为什么不爱他了。后来闺密的老公抱起孩子安慰:

"不喜欢爸爸打你?"

孩子还是继续哭。

"爸爸知道你想让我们多陪你,是吗?"

"是。"

最后,孩子在爸爸的不断安慰下才睡着。

其实孩子很敏感,他们能很快地察觉我们的情绪,他们更在乎我们的态度。

所以,面对孩子,耐心比粗暴更有效。

我们的一个眼神、一个微笑、一句安慰的话、一个拥抱,都能让孩子感受到我们对他们的爱。

家里的熊孩子喜欢乱涂乱画,这是很多家长都会面临的困扰。有些爸爸对纠正孩子的这种行为缺乏耐心,特别是碰上心情不好的时候,最常采取的方式就是呵斥几声,甚至夺过画笔,大发脾气。

这种简单粗暴的方式的确有效。但你不知道，孩子学到的并不是你通过粗暴行为来告诉他的道理——在墙上乱画是错的，不能这么做——而是没有耐心的粗暴的处事方式，今后他也会粗暴地处理让自己不舒服的事。

换一种方式，孩子学到的就会大大不同。

心理学家戴安娜·鲍姆林德（Diana Baumrind）在20世纪70年代就父母的教养方式做出研究，证明父母的教养方式与儿童的性格存在显著关联。也就是说，孩子的行为、个性受父母的影响，我们能从孩子身上找到父母的影子。

你仔细回想一下，你身边是不是有这样的父母和孩子：

父母经常用发火来表达情绪，他们的孩子也喜欢生气摔东西；

父母对弱势的人缺乏同情心，他们的孩子对小动物也表现得很冷漠；

父母总爱帮孩子做事情，他们的孩子做事时就会拖拖拉拉。

……………

你看，坏脾气也是会传染的。从现在起，马上扔掉你的坏脾气，多给孩子一点耐心，你一定会培养出一个善解人意的小天使。

耐心不足，理智来救

在带孩子上，相对来说，男性比女性缺乏耐心。但是，爸爸也有优势哦！

有个例子对我触动特别大。小小包小时候，有一次把剥下来的橘子皮随意扔在地上（之前已经可以做到扔进垃圾箱了），我温柔地和他说要扔进垃圾箱，小家伙看了我一眼，依旧我行我素往地上扔。

然后我严厉地重复了一次，结果人家可能以为我在和他玩，继续往地上扔皮。我当时火一下就起来了，什么尊重呀，把孩子当孩子看呀，全都抛到了九霄云外，感觉马上就要发飙了。

这时候，包子爸爸拿起一个橘子，边剥皮边把皮扔进垃圾箱中，还对包子说，咱们来玩发射橘子皮的游戏吧。结果小家伙立马被降伏，甚至连地上的橘子皮都被当作炮弹发射到垃圾箱了……

这事真的触动我了，我真切地感受到男女的思维方式如此不同，我可以无比爱自己的孩子，但是说到保持理智和淡定，明显爸爸略胜一筹。

所以爸爸们，当妈妈或者姥姥、奶奶的情绪要失控，准备发飙的时候，你们要站出来，用男人的方式来教育孩子，引导他们，让他们从小就感受到父亲的睿智与宽容。

包妈碎碎念
FRAGMENTARY THOUGHTS

> 为了给孩子最好的养育，我们给他们买最好的学区房，送他们去最贵的学校，给他们报各种优秀的补课班，但我们好像都疏忽了用自己的一言一行、一举一动去为孩子做榜样。
>
> 很多人说，正因为我不好，所以我才想让孩子变得更好啊！亲爱的，你错了！你希望孩子成为什么样的人，你就先要去做什么样的人。

GOOD

PARENTING

好 的 养 育

CHAPTER 3.

第三章

成为
更好的自己

妈妈也是第一次当妈妈

"妈,我要吃韭菜合子,给我做呗。"
"妈,我纽扣掉了,帮我缝一下。"
"妈,衣服上的油渍去不掉,帮我想想办法。"
"爸,我妈呢?"
…………

记忆中,总觉得有什么事情大喊一声妈就能解决,自己当了妈才明白:妈妈也是第一次当妈妈,也是在磕磕绊绊中摸索,妈妈"万事通"的背后有多少不为人知的崩溃时刻啊!

哪有女人天生会当妈

哥哥上幼儿园的时候,需要在被子和衣物上面绣名字,这可难倒我了,最后还是无所不能的奶奶搞定。我一脸崇拜地问:"妈,你怎么啥都会?"她笑着说:"我们那时候如果针线活不好,就会被人说,连这都干不好,怎么当妈啊?"

是啊,很多人觉得,孩子是从妈妈肚子里出来的,妈妈理应会带孩子。可哪有女人天生会当妈?

尽管现在很多人觉得我是育儿达人,辅食知识、疾病护理、教养问题基本都难不倒我，但是当新手妈妈的日子里，我一样手忙脚乱，一地鸡毛：

第一次冲奶没拿好奶瓶，水全洒到奶粉桶里，一桶奶粉都报废了；

第一次给娃剪指甲，吓得战战兢兢，不敢下手；

娃第一次翻身，我一眼没看住，他滚到了地上；

第一次给娃理发，理得参差不齐，被人笑话说跟狗啃的似的。

从十指不沾阳春水的小姑娘，一夜之间就要成长为"全能"妈妈，怀里这个小人儿每时每刻都在妈妈的陌生领域抛出超纲问题。

便秘、腹泻、长湿疹、胀气、睡眠训练、辅食添加……遇到任何问题，都要从头学起。

过程一定是手忙脚乱、磕磕绊绊的，最郁闷的是时不时还要承受亲友团的质疑：

"孩子这么瘦，你怎么带的娃？"

"孩子总是哭，你怎么当的妈？"

我知道指责妈妈的人往往没有恶意，甚至有些人还出于好心。但育儿这件事很多时候没有标准答案，具体到每个家庭的孩子，操作版本完全不同。因为孩子本身就不是流水线上的产品，每个家庭也都有不为人知的情况。

朋友的孩子总是哭，连她自己的妈妈都埋怨她不会带娃，后来才知道孩子是肠绞痛。

另一个朋友早早给孩子断奶，被亲戚们批评太自私，没几个人知道她是乳头内陷，无法喂奶。

同事被吐槽娇惯孩子，孩子一哭就满足孩子，真相是宝宝有先天性心脏病，哭起来有生命危险。

我们很多时候确实做得不够好，自己也很焦虑，如果这时候能收到一条有帮助的信息，或是一句"亲爱的，你辛苦了"的安慰话语，我们就会特别感激。

女子本弱，为母则强，从娇滴滴的姑娘变成无所不能的妈妈，驱动力就来自娃。妈妈也是第一次做妈妈，请多给我们一些理解和包容吧！

不要把妈妈的付出视为理所应当

有一次，我带小小包看急诊。深夜的儿童医院依旧人满为患，孩子的哭声此起彼伏。排在我前面的是一对年纪稍大的夫妻，孩子被妈妈抱在怀里，不住地哭泣。

医生检查后说是中耳炎。孩子妈妈一脸担忧地说："啊，严重吗？之前他说耳朵疼，我也没在意。"

"怎么回事？我就出差几天！"没等医生开口，着急的爸爸已经开始指责妻子。

"我以为没大碍的，他有时候也会说这儿疼那儿疼……"妈妈有些委屈。

"孩子都看不好，怎么当妈的？！"爸爸吼道。

周围顿时一片安静，孩子妈妈也沉默了。

在很多人看来，养孩子是妈妈的事，孩子出了什么问题，也都是妈妈的责任。

照顾好孩子成了大家对妈妈的基本要求。

如果你是职场妈妈，那大家对你的期待就是"兼顾事业和家庭"。

"如何平衡事业和家庭"对每个职场妈妈来说都是灵魂拷问。

对此,著名主持人张泉灵给出了一个大快人心的回答:我要明确告诉你,我很讨厌这个问题,因为这个问题本身就是对女性有偏见。

她说,为什么我们得知一个女性不管家的时候,就会觉得她不成功,但得知男性不管家的时候,就不会觉得他人生有缺失呢?

姚晨也说:很多人都问我是如何兼顾事业和家庭的,可为什么没有人问我先生同样的问题?

忍不住拍手叫好,痛快,解气!同时又深深地心疼每一位妈妈。

在职场上,越来越多的女性在承担更重要的角色,能力一点不比男性差。而回到家,我们要掩饰疲惫,收拾心情,忘掉工作,迅速切换角色,进入另一个战场。

那些问我们如何兼顾事业和家庭的人怕是忘了,我们大多数人做不到把工作和生活清晰地划分开。有多少妈妈是一边喂娃吃饭、给娃讲故事,一边见缝插针地回复各种工作上的消息,或是在娃睡觉后再打开电脑,处理急事到深夜……

而全职妈妈,压力只会更大。

孩子成绩不好——"你一天到晚啥都不干,连孩子学习都搞不好?"

孩子调皮捣蛋——"你是怎么管孩子的?"

孩子感冒发烧——"连孩子都照顾不好,你是怎么当妈的?"

说全职妈妈轻松的,自己来试试就知道。这明明是一份全年无休,24 小时 on call(待命),全世界风险最高的工作。每天黑白颠倒,随时保持冲锋陷阵的状态,一言不合就被指责为"吃闲饭的",身体和心理上都承受着巨大的压力。

全职妈妈和职场妈妈这两种身份,我都经历过。

做全职妈妈的日子,特别感激家人给了我莫大的理解支持。每个喂夜奶或码字后困倦的清晨，孩子醒来，奶奶总会轻手轻脚地进门，一把抱起他们，小声说"让妈妈多睡会儿"。为了研究母婴产品，我买回无数水杯、餐具，包子爸和婆婆从没说过我"乱花钱"之类的话，总是默默支持我，在我评测时搭把手，鼓励我把评测成果分享出来，帮助更多妈妈——这也是我写公众号文章的一个初衷。

恢复工作后，我陪伴孩子的时间肯定比原来少多了。包子爸和我都是特别爱孩子的人，当工作和陪娃冲突时，我们不会相互指责，而是不约而同地选择高质量的陪伴，哪怕只能给孩子们五分钟时间，也让他们感受到自己在爸妈心里是第一位的。

我会在会议间隙通过视频辅导孩子写作业，在电话中回答孩子的"十万个为什么"。虽然我不能像其他妈妈一样，每天陪着他们写作业，陪着他们睡觉，但孩子们知道有困难可以随时向妈妈求助，并且很快意识到写作业是自己的事情，把每天安排得很好。

买回很多做辅食的工具，评测做起来

在新西兰游学，包爸下厨为全家人做菜

    这个世界上，没有谁的付出是理所应当的，夫妻之间、母子之间都是如此。妈妈对孩子无条件地付出，是因为母爱，是出于本能，请不要用道德绑架我们。

    如何平衡工作和生活？我也没有答案。我知道很多妈妈在职场上挂念孩子，结果工作做不好，觉得愧对老板；在家里挂念着工作，结果孩子没照顾好，又觉得愧对孩子。她们天天活在愧疚之中，最后什么都没做好。

    我的解决方法是放过自己，当事业需要我的时候，我会毫不犹豫地投入工作；当孩子需要我的时候，我会不顾一切地付出所有。不管别人怎么说，我已不再质疑自己是否是个好妈妈或好老板。做当下能做的，我们就是最棒的。

带上队友一起成长

成为一个好妈妈,不仅需要妈妈自己努力学习,更需要家人尤其是另一半的理解和支持。

有一种爸爸是这样的:

妈妈忍着腰疼喂奶,抑郁情绪上来时抱怨两句,爸爸却说:"你怎么变得这么矫情?"

妈妈正在做饭,爸爸一边打游戏一边看孩子。孩子哭闹的时候,他叫妈妈过来哄哄孩子,因为他不能挂机,否则会被队友骂死。

孩子把家里弄得一团糟,心力交瘁的妈妈顾不上收拾,爸爸下班回家,不满地皱起眉头说:"家里怎么这么乱?"

妈妈半夜抱着娃在卧室里来回走,唱童谣,好不容易快把娃哄睡着,爸爸突然凑过来说一句:"我发现你生完孩子后变得性冷淡了。"

然后他还会问,为什么你们女人当妈前后判若两人,当妈后脾气暴得像恐龙,动不动就火冒三丈?

我很想问问这些爸爸,除了脾气,你们有没有注意到妈妈们的其他变化?

是不是"秃"如其来,脸上长满了妊娠斑?是不是因为每晚熬夜哄娃而精神不振?是不是每天给娃洗衣服、做辅食、喂奶、换尿裤,忙成了一个陀螺?

对女人来说,生孩子是一场毕业礼,从此要把那个爱撒娇的小女孩藏进心底,为在自己怀里哭泣的小小孩童练就百般武艺。

在心力交瘁的时候,我们特别渴望孩子爸能搭把手,而不是横挑鼻子竖挑眼。爸爸们更不要以为自己赚钱养家就算完成任务了,能赚钱的男人没什么了不起,疼老婆会带娃的男人才值得珍惜。

妈妈们吐槽：男人都是大猪蹄子，猪队友带不起呀带不起！

要我说呀，队友的成长也需要妈妈们的"松手"和"放权"。

爸爸们也是第一次上岗，他们没有经历怀胎十月的准备过程，进入角色比妈妈慢，做家务本就不擅长，现在要应付一个小奶娃，一定是笨手笨脚、状况百出的。

"爸爸带娃，活着就行"是句笑话，也是句大实话。在我看来，只要不是大的原则问题，咱就睁一眼闭一眼，多表扬少唠叨，他们才能越干越熟练，越干越带劲。

你想想啊，如果咱们是男人，被老婆无数次地说"我一点不放心我老公带孩子""我老公根本不懂带孩子，他根本就做不好"……久而久之，咱们是不是也不愿意带了？

包爸就是个生活能力挺弱的理工男，带起娃来一开始也是非常辣眼睛。我的想法就是不怕不靠谱，就怕不参与，多欣赏他的优点。

小小包出生之后的一段时间里，我被轻微的产后抑郁搞得筋疲力尽，动不动就陷入情绪里。包爸虽然是个带娃"小白"，但心态稳脾气好，我眼里天大的事，他几句话就能掰开揉碎给化解掉。

无论工作忙成啥样，我场外求助，他从没敷衍过，更没说过我"小题大做"，总是认真倾听帮我分析。光是这个态度，就让我有被支持的感觉，在心里给他100个赞。他的口头禅是"这事有我呢""臭小子，看你把我老婆给累的""老婆辛苦了，今天晚上我值班"……女人啊，要的往往就是一句话，一份理解。

妈妈们都有产后脱发期，我脱发特别严重，一度感觉自己快秃了。怀着沉重的心情剪了短发，回来后收到包子爸发来的微信，是一首小诗：

你剪了新头发，
换上新衣服，
戴上了我为你选的新项链，
迷人的笑容浮现在你的面颊上。
我爱你，
皱纹悄悄爬上你的眼角，
你也被白发装扮，
我依旧爱你，
因为真正的你我，未曾改变。

读完笑容挂在嘴角，眼泪滑过脸颊。一起养儿育女的路上，我们感受着彼此的不容易。

包爸还有一点做得非常不错，再忙再累，也坚持和我们母子睡一个房间。他说反正自己睡眠不好，去哪儿睡都差不多，睡不着正好帮忙换尿布、盖被子。养孩子是两个人的事，快乐和辛苦都是福利，错过了就没了，要好好珍惜。

后来我专门写过一篇文章《再难，也不要和老公分开睡》，引起了很多姐妹的共鸣。其实这篇文章讲的就是让队友参与带娃的重要性。世界上从来没有感同身受这件事，在同一个屋檐下生活，老公才知道你夜班带娃的辛苦，才会抢着承担更多工作。

亲友们总说我运气好，遇到包爸这样细心的爸爸，半夜查看娃有没有踢被的是他，孩子发烧时起夜给孩子擦身、喂药、量体温的是他，给孩子记录打疫苗时间和身高体重的也是他。其实没有什么天生的好爸爸，都是从一点一滴做起的。

随着小小包长大，我能明显感觉到他们父子俩的感情与日俱增。

尤其是我怀了迷你包之后，两个家伙整天腻在一起挑战妈妈的"底线"——给孩子乱搭衣服，完全乡村 style（风格）；早餐在路边随便解决，卫生营养保障呢？出门一趟全身脏兮兮，跟从泥堆里捞回来的一样……

但我明显感觉到包子越来越勇敢、独立、阳光，喜欢探索，也越来越像个小小男子汉，敢于承担责任。其实科学早就证实了，男孩子三岁后，爸爸才是带娃的主力军。如果家有小公主，爸爸的作用就更不容小觑了，"女儿奴"爸爸早就是一道独特的风景线了哦！

在我的理解中，夫妻是队友，也是战友，两个人并肩作战，一起披荆斩棘。养儿育女是一场特别好的修行，大家常说有娃后的日子鸡飞狗跳，争吵多了，浪漫少了。

不知你有没有发现，一起收拾一地鸡毛的路上，我们和队友其实更成熟、更默契了，年轻时常说的"我爱你"变成了让人更踏实的"有我呢"。无论贫穷富有，夫妻有爱，亲子和谐，有天大的事，彼此支撑着搀扶着——充满爱的原生家庭就是我们能给孩子的最珍贵的礼物。

新手妈妈的内心独白

曾经酝酿一个月，为新手妈妈写过一篇文章《一个新手妈妈的内心独白：我的世界已改变，请给我多些理解与关爱》，瞬间在后台收到几百条留言，很多妈妈是哭着看完的，并把它转给了老公和家人。

如果在妈妈中做个调研，估计 99% 的妈妈会说：当妈第一年是最不堪回首的一年。从幸福的孕期直接进入高强度的哺乳期，生活一夜之间发生了天翻地覆的变化：不分昼夜地喂奶，宝宝毫无逻辑地大哭，孩子生病时焦虑无助，还有每天给孩子洗澡、换尿布、拍嗝，这些足以把你折腾得精疲力尽。更可怕的是，因为育儿理念不同，与老公、婆婆冷战，甚至争吵。所有这一切扑面而来……

这些改变在心理和生理上都给新手妈妈造成巨大的压力。烦躁的情绪、揪心的无助感如影随形，挥之不去。更可气的是，之前根本没有人告诉你这一切，你没有一丝丝心理准备，就赤裸裸地上了战场。

随着科学的普及，现在越来越多的人意识到产生这些负面情绪，很可能是产后抑郁在作怪。

宝宝出生后，妈妈体内的激素水平很快就会恢复正常。但是毕竟怀孕九个多月，妈妈已经完全习惯了高激素水平的状态，这时候就会出现情绪低落、烦躁、莫名其妙想哭等症状。

这是完全正常的生理现象，妈妈一定要告诉老公和家人，让他们从根本上明白这不是耍性子，是生理反应，过一段时间自然会好。

除了生理上的巨大变化，心理上的变化也会让很多妈妈无法适应。原本丰富多彩的社交活动一下子没了，连跟姐妹逛逛街、喝喝茶都成了奢侈愿望，甚至追个剧、刷个微信都不行，那种孤独感让人绝望。

另外原来自己是家庭的中心，现在小家伙"篡位"了，这种失落感也让人难以适应。

产后抑郁其实挺普遍，中国 70%~90% 的准妈妈都会受到焦虑情绪的困扰，产后六周内患上产后抑郁症的比例高达 20%，还有一种说法是 40%，总之很高，但症状通常比较轻微。

患产后抑郁症的妈妈很爱钻牛角尖，可越钻心情越差，这时家人要及时转移她的注意力。

记得小小包哭的时候，我的心情也会变得很差，自己控制不住，跟着孩子一起哭。我一哭，小小包就哭得更厉害了。这时候，包爸会把我和孩子暂时分开，让我听歌看电视去，或出门买点东西，总之找点别的事让我做，他和奶奶来安抚孩子。

除了家人的帮助，我自己实践后觉得行之有效的方法是：产前多和家人沟通取得理解，产后迅速恢复社交活动。

怀孕时，我知道有产后抑郁这个小恶魔后，就跟包爸和婆婆提前打好了招呼，告诉家人我生完娃后可能会出现一些负面情绪，请大家理解这是激素在作祟，也请大家到时候多多包涵，不要跟新妈妈计较。

出月子后，我就恢复了社交活动。我拖着小拖油瓶不好出门，就请好姐妹来家里坐坐，跟她们吐吐槽，心情也好了很多。或者趁宝宝睡觉，我跑到对面商场小逛一会儿，吃个甜品，看本书。我还给自己安排了瑜伽课，或者跑跑步什么的，运动时分泌的多巴胺能有效消除抑郁，运动还有助于恢复身材。

总之，能让自己开心的事都尽量参与，不要每天都活在自己那一亩三分地里，否则所有的小矛盾都会被无限放大，你会发现自己经常为鸡毛蒜皮的小事大发雷霆。

只有妈妈开心了，宝宝才会开心，所以自己努力找乐子吧！需要的时候，自己出门散个心，也不要对孩子有负罪感。你的好状态是全家的宝。

包妈碎碎念
FRAGMENTARY THOUGHTS

> 从小觉得最厉害的人就是妈妈，不怕黑，什么都知道，会做好吃的饭，把生活打理得井井有条，哭着不知道怎么办时，就去找妈妈。可我好像忘了这个被我依靠的人也曾是个小姑娘，也会怕黑掉眼泪，笨手笨脚被针扎到手。美丽的姑娘，是什么让你变得这么强大呢？是岁月，还是爱？

进击的全职妈妈生活

有一次,一个刚生完二胎的朋友找我聊天,说起了前两天很内疚的一件事。

先生的公司成功融资,先生回到家和她眉飞色舞地谈论起各种细节,她却困得不行,全程淡淡地回应着"哦""嗯"等简短的话。先生失望,讲到一半便去洗澡了。

我说,你也太扫兴了吧。她说,是啊,可我太困了啊,前一天被小的折腾一晚上,第二天又一大早去给老大排队报名上小学,我就想好好睡个觉啊!

我就想好好睡个觉啊!

这多像几年前的那个我啊!

陪睡妈妈的日常状态

每次看到"婴儿般的睡眠"这样的说法,我就忍不住想吐槽:你真的知道婴儿的睡眠是什么样的吗?

真相是:睡一小时,醒了,然后哭一小时,接着睡,醒了继续哭……

每一次哄娃睡觉都是在渡劫,孩子就是敌人派来的孙猴子。

当孩子还是个小宝宝时：

每隔两小时喂一次奶，每隔一小时换一次尿不湿，循环 N 次算什么？最可怕的是毫无预兆地大哭，你得睡眼蒙眬地站着，抱着娃哄，肉眼可见睡着了吧，一放床上——不，还没有碰到床，娃就好像被容嬷嬷扎了，惊醒，继续哭……好不容易睡着了，天也亮了！

这里顺便"安利"一个睡眠神器——婴儿包巾，迷你包从出生就开始用，很快就能睡五个小时整觉，老母亲非常后悔没给哥哥用。

戒掉夜奶，可以安心睡了吧？

并不能，担心娃冷了、热了，还要忙着找娃，他总能睡得歪七扭八，满床打游击战，从床头跑到床尾，一不小心还会滚下床——妈妈们总被这样的恐惧惊醒。

更邪门的是，你越想让宝宝醒过来吃奶，他就越睡得香。胸涨得跟石头一样硬，开着电视也吵不醒他。平时想写文章干点自己的事，想让娃睡的时候，他就各种折腾，完全不给面子啊！

等娃三岁了，该解放了吧？谁料他折腾人的功力也见长，9 点上床，可以滚到 12 点再睡。

"我可以再看一集动画片吗？""这个故事不好，我们换一个吧！"……

还爱开启话痨模式，可怜的老妈子不仅需要和睡神做斗争，还要应付娃不断提出的"十万个为什么"。

睡前故事，一个、两个、三个，都把我自己讲睡了，娃摇着我：妈妈，接下来呢？小兔子怎么了？小兔子因为不睡觉被抓去做成冷吃兔了——哦不是，小兔子从此和小伙伴快乐地生活在森林里了！苍天呀，我什么时候可以快乐、安稳地睡觉呀？！

"睡渣"还都早起，爬到你身边，拉头发，捏脸蛋，嘴巴里还不停喊着妈妈妈妈，就是要搞各种花样把你吵醒！

如果家有俩娃，就更多一分酸爽。同学跟我吐槽：晚上大的不睡，半夜小的不睡，老大睡得晚，老二起得早。趁着小的睡了想辅导老大写一会儿作业吧，刚数落几句，小的就醒了。哄完小的，刚营造出的努力学习的氛围又没了，又得从头数落。

这就是每个妈妈晚上的日常状态。

努力克服焦虑

《中国妈妈"焦虑指数"报告》显示，全职妈妈的焦虑指数排名仅次于从事金融与互联网行业的妈妈，位列第三。

全职妈妈焦虑的原因，一方面是爱孩子，另一方面是世界里只有带孩子这一件事，关注的是今天孩子有没有按时喝奶，喝了多少奶，大小便是不是正常……这些在其他人看来就是非常平常的小事，在全职妈妈眼中却无比重要，当成重大项目来研究。

刚当妈的时候，我也特纠结。

小小包的头发怎么这么少？脐带咋老不脱落？刚会走路的时候，怎么有点外八字？……

那时候，大家都在说北京雾霾严重的问题，看多了各种新闻和帖子，我就特别担心这样的环境对宝宝的身体健康非常不利，就想移民。我是个执行力特强的人，想到就做，咨询了很多公司，无奈移民毕竟不是一件小事，家里也没人支持，就不了了之。

诸如此类的事情很多，这就是妈妈焦虑的表现。作为新手妈妈，又是全职妈妈，我们的关注点都在孩子身上，于是所有关于孩子的小事都会被无限放大。

直到后来，带孩子越来越顺手了，加上公司也有些事需要我处理，我就一边带孩子，一边在家处理工作。与外界接触，极大地缓解了我的焦虑情绪。

我的一个发小全职在家带孩子，我们聊天时，她的话题总绕不开孩子：要么孩子这不好那不好，不知道怎么办；要么孩子上学搞活动，家长都要去，如果不去，就觉得对不起孩子。或者选择学校时各种挑剔，说公立不好，私立不要……总之，将事情扩大化，非常纠结，一直处于焦虑状态。

这种状态对孩子来说也不见得是好事，如果你对孩子过于关注，反而会给孩子很大的压力。

我的建议是，让自己忙碌起来，做些与孩子无关的事情，最好是与外界沟通、对话，培养一些兴趣爱好，找到自己新的价值。你的世界宽广起来，很多的事情就不是事了。

全职妈妈要不要一直做下去？

有人会问：既然做全职妈妈并不能让我们处于一种很好的状态，那我们还要继续做全职妈妈吗？

其实这要看妈妈们自己的选择。

有人为了给孩子 37 度恒温的母爱，坚持母乳喂养孩子到三岁；有人觉得奶粉喂养足够有营养，母亲也轻松，何乐而不为？有人觉得孩子的点滴成长太重要，洗衣做饭、相夫教子也是一大乐趣；有人觉得职场的拼搏让自己更有魅力，请个保姆帮忙带孩子也是一个好选择……

差异化的生活，谁能说得清哪样好，哪样不好呢？

当全职妈妈，我们就做个优秀的妈妈，同时不要与外界隔绝，保证如果重新进入社会、进入职场，我们照样可以风生水起。

我觉得，对能够在婚姻中保持独立人格的妈妈来说，全职不全职真的只是个人的选择。做全职妈妈，能够让孩子得到更用心的照料，让先生更心无旁骛地工作。职场妈妈呢，努力实现自我，追求目标，也是孩子的优秀榜样。无论选择哪种生活，最重要的是妈妈自己很享受当下的生活，过着快乐充实的人生，足矣！

从某种意义上来说，每个妈妈不都是"全职妈妈"吗？无论你从事何种职业，无论你上不上班，"妈妈"这个角色这一生都不会也不可能"兼职"，对你的孩子来说，你就是撑起一片天空的妈妈。

还记得那个短视频《假如给你一天不当妈》吗？一个全职妈妈突然收获了梦想已久的一天假期，但她却是这样的：

开车的时候，习惯性地从后视镜里观察后面的儿童座椅。

一个人在偌大的泳池里自由自在地游泳，心里却生出丝丝牵挂。

做SPA（水疗）时，已经控制不住对孩子的思念。

一个人吃饭，美食当前，也心不在焉。

终于不用哄孩子睡觉了，躺在大床上却辗转反侧。

忍不住给老公发了信息却没有收到回复，越想越不安，果断穿上衣服离开酒店，披星戴月，一路疾驰回家。

打开家门后，看到在客厅里睡得正香的爸爸和宝宝，安心地笑了。

看吧，当孩子不在我们身边的时候，哪怕只有片刻，我们都会被持续不断的思念、挥之不去的牵挂侵扰。同样，就算在上班，就算在出差的途中，职场妈妈也永远心系孩子。

女人生了孩子后，愿意做什么就做什么，能干好什么就干什么，有的选是一种福气，做得好是一种本事。

包妈碎碎念
FRAGMENTARY THOUGHTS

> 每个人选择了最适合自己的方式，有人觉得相夫教子好，有人觉得职场奔波充实，然后都发自内心地觉得"我生活得不错啊"，那就对了啊！因为，一切生活的意义不就是"我开心就好"吗？

不做旁观妈妈,和孩子一起解锁技能

关注我公众号的朋友会发现,我开始做一些有意思的音频课程,比如尝试加入成语故事的内容。做这件事情的灵感源于我家小小包。

我家小小包从去年开始就很喜欢成语故事,给他讲了很多,他很愿意听,还会讲给别人听。在给他讲成语故事的过程中,我发现目前的大环境还是很注重对孩子的国学教育的,但不管是书籍还是音频课程,精品内容不多。

比如"爱屋及乌"这个成语,大部分材料都说商纣王住在朝歌,但是并没有说明朝歌在哪里,孩子就会有很多疑问。

找不到满意的材料,就自己来吧,我的技能树再度升级。我找了100个经典成语故事,重新编写,让孩子一听就能明白,而且每个故事最后都有用这个成语造句的例句,让孩子通过成语故事明白这个成语的意思,并且可以运用到日常生活中。

两个小包子的成长过程,我总是尽最大可能参与,他们学的很多东西,我也感兴趣,我们一起研究,一起成长。我发现人们有了共同爱好,共同语言就越来越多,关系中自然多了一份"我懂你"的默契。

和孩子共同成长

每次小小包和迷你包去学什么新技能,只要条件允许,我都要求一起上阵,这些年学会的技能不比娃少。

包子上小学的第一个圣诞假期,我陪他去日本滑雪,他学双板,我学单板。经过努力,我们俩都掌握了滑雪技能,回北京后还经常技痒难忍,到处找滑雪场练习。

以往我们旅行常去乐园、景点,很开心。但这次滑雪体验让我发现,孩子大了,能力上的成长比单纯的玩乐更重要。现在小小包再去解锁新的体育技能,已是颇有信心的样子,面对困难和小挫折更乐观,因为有成功经验了。

尝到甜头后,我决定每个假期都尽可能陪他解锁一个新技能(我也一起)。

从日本回来没多久就是新年假期,我带两个包子去新西兰游学。每天放学后都进行丰富的户外活动,我和两个包子一起体验了 tree adventure(丛林探险)。别的家长都在下面围观,我是唯一主动申请和孩子一起上树的妈妈。看照片可能不觉得,其实现场的树特别高,感觉像走钢丝。虽然有保护,也完全戚了,吓得要死,真的好想下来,但娃就在我后面哭哭啼啼的,我只好强装镇定说"一点都不可怕"。

哥哥开始还有点小情绪,看到勇敢的老母亲在前面引路,便坚持走完全程。心大的迷你包看到妈妈和哥哥的表现,信心暴增,完成自己级别的项目,还想挑战更高级别的项目。孩子们的表现真让我欣慰。那次之后,孩子们的运动能力和胆量都有了很大提升。

我建议妈妈们只要有时间、有机会,就一定要和孩子像朋友、战友一样,共同成长。这不只是孩子的成长,妈妈也能从中吸取很多养分。

因为有了共同学习的经历，你更能理解孩子。比如丛林探险，我不上树，绝不会想到那树竟然那么高，也就不可能理解包子的畏难情绪。而孩子也会更信服你，因为你说的话不是轻飘飘的"妈妈相信你没问题"，你真的去克服困难做到了，他才能相信你。

收获更亲密的亲子关系

这次去新西兰游学跟以往去旅行很不一样，以前旅行不是去景点打卡就是去游乐场，匆匆忙忙，孩子们被游乐项目吸引，很难静下心来感受生活和彼此的关系。

这一次面对陌生环境,每天24小时"浸泡"在纯英语语言环境中,我们三个是共同成长的。孩子们白天上课,我去语言学校学习或者上健身课。我们母子三人共同面对了一个难题——学英语。

哥哥一直在上外教课,英语基础蛮好的,但在国内,除了上课,几乎用不到英语。现在有机会在以英语为母语的国家过当地人的生活,将英语作为一种沟通工具,也需要进行一定的调整。

迷你包弟弟社交能力不错,但毕竟才四岁,接触英语刚一个学期。

这次游学,他俩分别插班到新西兰本土小学和幼儿园班级里,在纯英语语言环境中,挑战还是蛮大的。

而我呢,虽然英语口语一般,但经常在国外出差,使用英语的机会多,这次来到新西兰专门报了语言课进一步学习。

上语言学校,让我对孩子们的压力更感同身受。哥哥情绪低落的时候,我会特别耐心地跟他聊天,帮他排解情绪。我自己都震惊了,包爸也一直夸我好像变了一个人似的。我对自己的提升感到特别开心。

每天早晨起来,我们仨抱着亲来亲去,他们喊着"妈妈,我爱你,我爱你",一遍又一遍。每天晚上,我们仨交流自己一天的心得,共同讨论如何解决遇到的问题。那种感觉棒极了,我能明显感觉到我和孩子们的心靠得更近了。

兄弟间的关系也更亲密了,弟弟被大蜘蛛吓到时,哥哥大叫着:"潼弟,我来了!"

哥哥会不停地问:"潼弟,你喜欢妈妈还是喜欢我?"

我想他一定是更爱弟弟了,才会这么问。

在这个过程中,我们的英语水平也都有很大提高。

哥哥已经学会了国外孩子的日常交流用语、当地俚语,敢开口了，在餐厅敢于自己点餐。

我家的社交小王子迷你包估计遗传了我的特质，上学第一天就跟韩国小朋友 Alex（亚历克斯）聊得火热，一个说韩语，一个说英语，这鸡同鸭讲的画面也没谁了，但他敢开口就值得鼓励。弟弟进步飞速，回来后，老师说弟弟英语进步很大，特别是听力。老母亲好开心！

我在语言学校也每天精进，老师说我胜在一个"敢"字，我不会特别 care（在意）语法，敢说敢用，因此也有了长足的进步。

在这个一起面对困难，一起克服困难的过程中，我们仨的感情越来越好，隔阂越来越少，就像一个班的同学，一个战壕的战友，无话不谈，可以一块儿玩闹，也可以一块儿分享心中的小秘密。在一个遇到困难时，另外两个会倾听，并表达自己的看法，给出好的建议。

孩子和父母之间不应该只有亲情上的父子/母子关系，更应该建立友情上的哥们儿关系、闺密关系，这也是中国人的亲子关系中最难得的。

当了妈，也能拥有马甲线

在和孩子们一起解锁各项运动技能后，我也对运动越来越上瘾。偷偷给自己立了个 flag（目标）——要练出马甲线。

有人开玩笑说，一个生了孩子的女人最牛的地方不是把孩子带得多好，也不是事业有多成功，而是让自己越变越好看。

对啊，天生丽质算什么，有本事生了孩子再比比！

我第一次怀孕的时候不懂得控制体重，足足胖了 50 多斤，捏着肚子上的赘肉，瞬间感到生无可恋。这个臃肿的肥婆是谁？再打开抽屉看看之前的牛仔裤、迷你裙，你们怎么变得这么小？

我意识到不能再这样胖下去了！健身、跑步、瑜伽、游泳，能练的统统练起来！

我身高一米七，现在体重基本控制在 100 斤出头。从生完孩子身材臃肿的"大妈"到现在总被人夸身材好，我想把自己的减肥方法分享给大家。我可以做到，姐妹们也一样可以！

● **只要开始，就完成了最难的部分**

2019 年 1 月 1 日，我在年度小目标中写下"马甲线"三个字。当时定下这个目标的时候，很多人不解地问：你这么瘦还折腾啥？每天累成狗，还有力气去健身？干吗对自己这么狠？

连教练都不看好：你这种身材是老天爷赏饭吃（并不是），你又那么忙，肯定坚持不了……

其实拥有马甲线只是表面想法，我想要的是借助运动让自己更健康，更有力量，毕竟工作和带娃拼的都是体力。

在达成目标的这一个月里，我在楼梯机上爬过 162 层的迪拜塔，爬到最后纯靠意志力撑着；做无氧训练累到面目狰狞，抱着小伙伴"哭诉"；出差应酬结束，无论多晚回到酒店，都要来上几组力量训练，向教练交个视频作业，感觉回到了学生时代。

一开始不看好我的教练后来对我的看法完全改变，夸我是个认真的好学生，而我也在这个过程中爱上了运动的酸爽感觉。

最初看到教练给出的健身计划，真的有想逃的冲动：我为什么要在这里？这时就好庆幸有教练在。解锁新的动作，有人会帮我反复确认是否标准；做危险的动作，有人保护不会受伤；力竭的时候，有人拉一把。这对我来说太重要了！教练也教了我很多健身知识，比如减脂是全身性的，没有局部减脂这回事；练手臂也对形成马甲线有帮助；那种每天锻炼一个部位8分钟，30天练出马甲线的话别信。进行力量训练后，身体中储存的糖原已经消耗殆尽，此时进行有氧运动，可以更直接地消耗脂肪，所以每次课后教练都给我安排一小时的爬楼机训练。

专业知识只是一方面，更多的是心理上的鼓励。教练总是表扬我这么练很棒，这么吃很好，我会觉得有人支持我干这件事，更能坚持。健身很多时候是一个人孤独地与汗水交流，每次看到教练的朋友圈，看到有那么多人在默默努力着、坚持着，我就觉得备受鼓舞，要对自己更严格才行！

至于是否要请私教，我觉得因人而异。因为我是想在短期内达到一个目标，有个专业的人帮我会事半功倍。现在很多人跟着健身软件训练，也能取得不错的效果。特别是朋友的支持也很重要，我就加入了一个"马甲线come on"的闺密群，姐妹们每天互相支持打气。我的好姐妹没有去健身房，春节放大假练练哑铃，控制一下饮食，竟然瘦了五斤。只是一个春节哦！

原定目标达成得很顺利——我用了一个月把马甲线练上身,并拿下了小基数七天瘦七斤的成绩。

1月1日,确定目标;1月3日,去健身房报课;1月22日,看到成果。

原来,一个月的时间可以做这么多事。

如果不去做,1月份我可能就忙忙碌碌过掉了,2月份逛吃逛吃,3月回来调整一下,一年的四分之一就过去了……

估计很多姐妹看到这里都焦虑了:这说的就是我呀!

那就从现在开始吧!

76岁开始作画,80岁办个展的摩西奶奶向我们证明:人生永远没有太晚的开始,只有不开始。

很多事情,想都是问题,做才是答案。

● **身材是生活习惯的成绩单**

有人说,一个人的身材外貌是生活习惯的成绩单。

你是放纵任性,还是自律有节制,一看便知。

莫文蔚价值3000万的美腿背后,是她常年不吃甜,不吃冰,少吃零食,再忙也每天坚持运动。

去意大利溯源,接待我的两位高管大叔50岁了,身体依旧挺拔结实,奥秘就是中午只吃一点水果,晚餐前健身一小时,每天!

所以呀,哪有那么多吃不胖的人,我身边的瘦子几乎都在控制饮食,定期锻炼。

对我来说,练出马甲线只是一个开始,更重要的是把运动和健康饮食变成日常习惯。

在达成马甲线目标期间,我带着两个包子去新西兰游学,也不忘见缝插针地去健身房。

养成运动习惯后，一天不运动，就浑身不舒服。

运动后感觉代谢在加速，脂肪在燃烧，全身细胞都被唤醒，整个人都年轻很多。从内到外注入能量，好爱小宇宙燃烧的自己！

常有朋友问：你吃什么牌子的防腐剂？

你对抗岁月的防腐剂其实就是你的每一滴汗水，就像网上那句流行的话：你流下每一滴汗，都是在跟同龄人拉开距离。

● 三分练，七分吃

俗话说，健身是"三分练，七分吃"。在"怎么吃"这件事上，我可以分享更多经验。不喜欢运动的姐妹完全可以靠吃得健康来制造热量差，达到瘦身效果！

为了更好计算热量，教练让我吃减脂餐。第一次吃可能是因为饿了，觉得还挺好吃。

但作为一个无辣不欢、零食不离手的妹子，天天吃这个，我的胃是拒绝的。于是，我马上调整方向，家常菜清淡烹调，煮一煮加点调料，蘸上辣椒面，简直是人间美味呀！注意：一定是干辣椒面，辣椒油是热量炸弹哦！

早餐水煮蛋是标配，蛋黄限量一个，蛋白随便吃。用玉米、红薯、全麦面包来代替精米精面。注意：外面卖的全麦面包大部分都是假全麦，成分表中糖、黄油、鸡蛋、牛奶一个都不少。有条件有时间的，可以像我一样，吃自己家里做的无糖、无油、无蛋、无奶面包，除了全麦粉，就是水和酵母。

另一个"食物陷阱"是酸奶，酸奶虽好，含糖量却很高，是减脂大忌。

大家购买前先看配料表，推荐购买只有生牛乳和益生菌的无蔗糖酸奶。购买加工食物的原则是，配料表越简单越好。

总的来说，就是"多吃神造的，少吃人造的"，越是天然的没有经过深加工的食物，越干净，热量越低。鱼虾、牛肉、鸡肉等高蛋白低脂肪食物，也推荐大家吃。

水果热量虽低，但也不能无限量吃，教练只允许我每天吃一个苹果，香蕉别碰。如果你跟我一样处在减脂期，能敞开了吃的就是西红柿、黄瓜和草莓了。

出差在外，早餐、中餐尽量带自己准备的食物，保持一样的饮食。

最后就是每天记录体重，看着数字一跌再跌，是坚持下去的最大动力。

不瘦下来，你永远不知道自己有多美

小伙伴回忆说："记得你产后为了恢复身材，过了晚上6点就不吃饭了，整个晚上就一壶一壶地喝茶。别人都下班了，只有你在那里饿着肚子码字，真不知道你是怎么坚持下来的……"

是什么让我坚持下来的呢？

我想，大概是继续美下去的愿望吧，我非常不喜欢的一句话就是：都是当妈的人了，还美给谁看？

当然是美给自己看,美给我爱的人看了!谁不希望自己跟孩子出门像姐姐,跟同学聚会像学妹!

年会上给了小伙伴们一个惊喜,维密大秀走起。她们当时都震惊了,以为是从哪里请的模特呢,哈哈!

走秀结束,包爸跟我说:"老婆,你的逆生长让我太有压力了,我也要开始减肥了。"结果,不算胖的包爸一个月成功瘦了5斤。哥哥和弟弟也开始跟着我跑步锻炼,全家人都爱上了运动。

40多岁减掉30斤肉,变身"新一代腿精"的闫妮说过,人有了节制之后,就会发现另外一种风景。

虽然我们只是普通的妈妈,但我们一样可以去追求好身材,去追求更精彩的人生。

包妈碎碎念
FRAGMENTARY
THOUGHTS

亲子关系是伴随我们一辈子的关系,有着传统思想的人总是认为,父母对孩子就应该高高在上,对孩子做什么都理所当然,甚至只要自己觉得做某件事是"为了孩子好",就不考虑孩子的感受去做。这种关系是单向输出的,是不良的。良性的亲子关系应该是双向的,父母和孩子保持在一个频道上,平等沟通,相互尊重,共同成长。

工作繁忙,却和孩子更亲了?

现在的父母都越来越忙,常常在工作和陪娃的两难中寻找着平衡点。如何平衡工作和生活?我也常常受到这样的灵魂拷问。

从时间的角度说,工作和陪伴孩子是很难平衡的,给工作的时间多了,给孩子的时间自然就少了。

但陪伴的意义在我看来不是时间的长短,而是质量的高低。

我选择用高质量的陪伴,特别是高质量的沟通来让自己不缺位。

陪着不等于陪伴

很多妈妈误把"陪着"当成"陪伴",觉得只要在孩子旁边就好,虽然只有一字之差,孩子的感受可差着十几条街呀!

孩子六个月大,妈妈一般还处在哺乳期,陪伴孩子的时间也比较多。有的妈妈可能会觉得这个阶段的孩子只要吃饱穿暖就好了。其实,这个阶段的孩子感官还没有发育成熟,饿了、困了、尿了都只能用哭来表达。妈妈要及时响应宝宝,让他知道自己一直都在被关注,才能在孩子心里种下安全感的种子。

有的妈妈常常会一边喂奶一边玩手机,这对建立亲密的亲子关系非常不利。在你还是孩子的全世界的时候,请温柔并专注地对待他。

相信我，你也会享受与孩子这段亲密无间的时光的。

对很多上班族来说，比较重要的陪伴孩子的时间就是睡前，陪着孩子进入甜美的梦乡。

如何充分利用这段时间呢？

小小包和迷你包小时候，我在他们睡前做的事情包括洗澡、抚触、听音乐，和他们说说话，增进亲子之间的亲密关系，等到他们有睡意时，再把他们放到小床上，让他们慢慢入睡。

大一些的时候，就改为洗漱、读绘本、讲故事，或者跟他们在床上玩个安静的游戏，最后拥抱，说晚安。

这段时间是多么难得的亲子时间啊，希望爸爸妈妈放下手中的事情陪伴孩子。但是，很多朋友并没有做到。

我有个朋友爱追剧，守着电视一分钟都不落下，连广告都不放过。两集看下来9点半了，才督促孩子洗澡洗漱，全部完成至少10点了，哪还有时间陪孩子读绘本、做游戏啥的。还有一些父母陪睡的时候，拿着手机玩，即使关了声音，手机的光线也会影响孩子入睡。虽然你一直在孩子身边陪着，但你和孩子却如同处在两个空间，你还是你，我还是我，这样的"陪着"又有什么意义呢？

哪怕只有五分钟，做到位就足够了

弟弟是个小暖男，经常玩着玩着跑过来和我说："妈妈，我好爱你哦！"有时我正在忙，就会敷衍地回答一声，弟弟就会不开心，要我哄很久才好。

现在我会立马放下手上的事情，认真地看着他的眼睛和他说："妈妈也很爱你哦！"通常他就继续跑去玩了，因为他的情感得到了回应，他知道你也是爱他的，就放心了。

孩子是很敏感的，他会感受到你是在用心对待他，还是在敷衍他。同时，孩子也是很容易满足的，只要你真诚认真地表达"我爱你"，他感受到你的爱，内心就会安稳了。而说一句"我爱你"，真的花不了你多少时间。

所以，对于高质量的陪伴，我的理解是：

● 百分之百的关注

很多父母常说忙，难道连 10 分钟、5 分钟、1 分钟时间都抽不出来吗？只要你拿出几分钟，真诚地、全心全意地和孩子对话，倾听孩子的内心，就能让孩子感受到你的爱。而不是你在忙的时候，孩子来打扰你，你心想：我已经很忙了，你还来给我添乱！然后，你对孩子很不耐烦，甚至责怪孩子，孩子也会很委屈。这不是孩子在烦你，而是你在烦孩子啊！

一次去新西兰出差，一位外国爸爸对待孩子的方式让我特受触动。

那次我们被邀请到一位成功人士家里完成一个拍摄任务。到他家的时候，时间已经不早了，拍摄要抢光线最好的时候，但是这个过程一直被打断。这位爸爸的小女儿提着篮子开心地奔跑入镜了，给爸爸看她刚从鸡舍捡回来的新鲜鸡蛋。爸爸满脸自豪，竖起大拇指说："Good job（做得好）！"

光线眼看就没了，摄影师都有点不耐烦了。一般我们可能会跟孩子说，你先去一边玩会儿，我在工作呢。但这位爸爸自始至终对孩子都特别有耐心，你能感觉到在他眼里，什么都没有孩子和家人重要。你想我们旁人都有这种感受，孩子怎么能感受不到呢？

我把这个故事讲给公司的小伙伴们听，他们说：包爸也不差呀！

事情是这样的。一天晚上 8 点多了，包爸身边有好几个小伙伴在排队等着跟他讨论问题，这时我家哥哥打电话进来了。

"爸爸，你几点回来？"

"爸爸有点忙，估计得 11 点多了。"

"为什么呀？"

"因为需要解决很多问题。"

哥哥很执着："那为什么不能明天再说呢？我想让你陪我睡觉。"他和弟弟都是 8 点半入睡。

"嗯，这些工作需要今天做完。你可以去爸爸房间睡，明天你一睁眼就能看到我。如果你特别希望现在有人陪你睡觉，也可以去姥姥家。"

"好吧，那我去姥姥家吧！"

小伙伴们都被耐心温柔的包爸惊到了，被孩子反复追问，包爸没有一点点不耐烦，也不会打断孩子说"我忙着呢，你找姥姥去吧"。哥哥因为得到了足够的尊重，也没有闹一点点情绪。父子俩全程平静愉快地沟通。

很多事也许解决不了，但孩子要的往往是父母的态度。给孩子的时间哪怕只有 5 分钟，也要全身心投入，愉快地和孩子相处，让他知道大人的身不由己。千万不要因为孩子吵着求陪伴，自己又满足不了，就把内疚转化成暴躁——"你没看到妈妈忙死了吗？你就不能自己玩会儿吗？！"

● 高质量的沟通

不少朋友问我，你这样全世界飞，为啥和孩子的亲子关系还这么好？你不会有亏欠感吗？嗯，说真心话，还是有的，更多的时间给了工作，陪伴孩子的时间肯定就少了，我曾经也很焦虑。

当被问题困扰的时候，我习惯于去书里寻求答案。通过学习，我从根本上了解了哥哥的性格，对他的很多行为一下子有了全新的认识，看待问题的角度完全不一样了，我们可以进行高质量的沟通了。

当他不愿意上台演讲，当他不愿意去参加球赛时，我不会强迫他，而是发自内心地去理解他。因为真的懂他们，所以我说的话、我的情绪都是真诚的，孩子们都能感受到，他们觉得妈妈是真的理解他们，真诚地把他们当作独立的人去尊重。我和孩子们之间有了爱和理解在流淌。现在哥哥的状态越来越好，我陪伴他的时间确实比做全职妈妈的时候少了很多，但我们的关系比任何时候都更亲密了。

周末在家陪两个包子疯，
当大马在地上爬来爬去

高质量的沟通让我们母子有了
更亲密的关系

● 平和的情绪

闺密家的娃频繁地出现揪头发的行为，她急得找我求助。我帮忙联系了儿童心理专家。闺密说专家不愧是专家，一针见血地指出揪头发只是表象，归根结底是因为孩子缺乏安全感，不用去纠正孩子，需要改变的是大人。

专家送了闺密两个字——平和，父母情绪稳定，家庭关系轻松愉快，孩子的这些小毛病自然就会消失。高质量的陪伴，重要的是给娃安全感。就算 24 小时陪着，一言不合就情绪失控，孩子见你就瑟瑟发抖，这种陪伴宁可不要。

陪伴很重要，但我想更重要的是让孩子看到我们通过自己的努力让生活变得更好。我很赞同杨澜的观点，她说，对一个孩子而言，更重要的是看到母亲和父亲如此享受自己的工作，享受自己的人生，他们如此充实，见到这么大的世界，带回来这么多有趣的故事，而且能够在孩子遇到困惑的时候给予一些指导。

● 参与孩子的重要时刻

美国总统奥巴马曾表示，此生令他最骄傲的事就是在长达21个月的竞选总统的时间里，他一次都没有缺席过女儿的家长会。即便再忙，他也会挤出时间，陪伴孩子做睡前阅读。他说：我不会做一辈子总统，但我一辈子都要做一位好父亲。

美国心理学家戴维·埃尔金德（David Elkind）说，孩子们最需要知道的是，他们对父母很重要，永远都被爱围绕。你陪孩子一生，他能记住的只有几个重要时刻。那些看似不太重要的家长会、生日会、毕业典礼，才是孩子成长过程中最不能错过的重要时刻。

哪怕再忙，我也会尽量参与孩子的重要时刻。很多次出差回来，我直接从机场赶到学校。每逢孩子的重要日子，我都会提前安排好工作，尽量把时间空出来，专心陪伴孩子。如果实在调整不了，我也会尽量弥补。

去年哥哥生日，我出差在外，跟他视频连线，爸爸、弟弟、姥姥、姥爷陪着他，我们开心地唱生日歌，他急匆匆地说："妈妈，不跟你说了，我要去切蛋糕啦！"

看着屏幕里的他们笑着闹着，我的眼泪不争气地流了出来，隔着屏幕唱生日歌都能把自己唱哭的妈妈就是我了。因为以往哥哥生日都是我来张罗，带他去周游世界，在酒店里不嫌麻烦地布置、拍照……不想错过他的成长。

我越来越忙，和孩子们不在一起的时间也越来越多。孩子们越长大，我对他们的依恋越深。我很珍惜被他们需要的那种满足感，很感谢他们对我抱抱，对我说"妈妈，我爱你"。

所以我会"不怕死"地带他们出差，希望圣诞节假期能一起度过，最后经历了惊心动魄的日本之旅。我想很多年后，我们再谈起这次酸爽的旅行，一定会哈哈大笑。这些都是无比珍贵的幸福的回忆啊！

其实孩子最需要的就是被爱的感觉，知道家人永远在背后支持自己，就是他能走出去面对世界的最大动力。无论世界多么变幻莫测，父母的爱都不会反复无常。无论发生什么，告诉孩子"有我在"，就够了！

包妈碎碎念
FRAGMENTARY
THOUGHTS

> 我想和职场妈妈们说，即使你没有时间陪伴孩子，也不要愧疚，不要焦虑，只要你努力了，用心做了，孩子就会感受到你的爱。这就是我们想要的最好的结果。

哪有超人妈妈，时间管理了解一下

关注我的朋友都知道我一天的行程有多满，出差的频次有多高。拿2018年来说，我飞了十几个国家，20多个城市，出差150天，飞行36万多公里，等于绕了地球9圈。

在个人成长方面，2018年年初的时候，我给自己定了11个目标，最后达成了9个，实现了很多人生的"第一次"——第一次举办粉丝见面会，第一次高空跳伞，第一次单板滑雪，第一次看到极光，第一次在北极圈深海捕鱼。这些对我来说都是珍贵的记忆。

同时，我还扮演着人生中最重要的角色——两个男孩的妈妈，我不希望错过他们的成长，想给予他们更多的陪伴。

有人会问：作为忙碌的"空中飞人"，你是不是不亲自带娃？

还真不是，熟悉我的朋友都知道，我是重度"孩子奴"呀，工作的时候能带着他们就尽量带。我做过一个Vlog（视频网络日志），记录了我这个职场妈妈的普通一天。

我的一天

6:00 am　在郑州出差，一早起床

8:00 am　坐上从郑州回北京的高铁

10:30 am	到达北京,直奔活动现场,30分钟搞定妆发
1:30 pm	带领包妈观影团参加审片会
5:30 pm	带两个包子去书店
10:00 pm	回到家,陪小小包读书
11:00 pm	包子睡了,开始健身
12:00 pm	拥抱梦乡

看完是不是就释然了呢?天下老母亲是一家。其实,没记录下来的事情还有很多。

早晨大概率是从娃哭哭啼啼闹情绪开始的。

打扮得精致优雅地出门上班?

现实是头没梳、脸没洗、饭没吃,随便抓件衣服奔出门送娃上学。路上还要寻找蛛丝马迹,给"心情不好全靠猜"的高度敏感娃梳理情绪。

走进办公室,迎接我的是各种各样的产品要看要选要试用,大大小小的品牌客户要见面要开会,层出不穷的管理问题要决策要讨论……

一边是未完成的工作,一边是等着辅导作业、哄睡的娃,把娃撂倒深夜再上线处理工作是常态。

很多妈妈常会问我如何平衡工作与家庭,如何能在忙碌工作的同时照顾孩子,又是如何充分利用自己每天的24小时的。

平衡工作和家庭?不存在的。

我自己创业,也不见得能更自由地支配时间,难道对着一屋子同事说我得回家哄娃睡觉,这个会不开了,这篇文章写不出来了?

更多的时候,工作和生活纠缠在一起,是没办法做到丁是丁卯是卯的，常常是边抱着电脑码字边照顾发烧的娃。有时说好陪娃玩，又被突如其来的工作打断，只能抱歉地让娃先自己玩会儿，自己一头扎进会议中。这种事我干得挺多的。

吐槽抱怨？发通脾气？只会吓到娃，牵连无辜的人，让事情变得更糟糕。我觉得不管多忙乱，都要保持好的心态，好心态能给人带来好状态。做个情绪平和的妈妈、不乱发脾气的管理者，尽力而为，做不到就放过自己，天不会塌下来。

无论是忙碌的职场妈妈，还是有更多时间陪伴孩子的全职妈妈，最重要的都是让孩子看到你是一个能充分享受人生、掌控人生的人。

有段话说得特别好，父母传递给孩子的不仅是在孩子身上花的时间，还有自己如何度过时间；不仅是和孩子一起做的事，还有自己如何待人处事；不仅是跟孩子说的话，还有自己如何说话。终究，孩子学到的不是父母希望他拥有的态度，而是父母自身的态度。

我的时间管理法

因为实在太忙了，我会借助一些时间管理方法让自己更高效。

● 使用手账

包包里一定会带上一本小手账。我常常会接下两三个月后的工作，因此记录的重要性不言而喻。我也尝试过使用一些时间管理App，但还是更享受在纸上写字的感觉，能清晰地思考，还有一种仪式感。

手账能让我迅速进入高效状态。每天早晨打开手账，在脑子里迅速过一下当天要做的事。需要别人配合的，提前通知；需要自己准备的，整理好 to do list（待办事项清单）。整个过程不会超过五分钟，却能大大提升一天的工作效率。

手账还能帮助我啃掉"硬骨头"，看上去无从下手的"大块头"任务，拆解到每月每天，一口一口啃下来，也没那么难了。干完一件事画掉一件事，幸福感爆棚，爽到飞起。

● 给自己留出完整的时间

我一度无法安静地码完一段字，一直有人找我谈事情，微信、邮件不断往外冒。不停地被打断的感觉特别糟糕，自己的节奏完全被打乱，忙忙碌碌，计划里的事一件没完成。

后来我尝试了"番茄工作法"，简单说就是工作 25 分钟，休息 5 分钟，如此循环。

这个方法让我更专注。25 分钟不看信息不看邮件，专注于手头的事情，完成一个小目标，是可以轻松实现并很容易坚持的。

同时，这个方法也让我看到自己每天的时间流向了哪里：写一篇文章用掉 6~8 个番茄钟（25 分钟），开会用掉 8 个番茄钟。我对计划更心中有数了。

回复微信、邮件这些容易吃掉时间的事，预留出固定时间处理。开始会有点惴惴不安——不会错过什么重要信息吧？实践证明并不会，真正需要立即回复，别人都会打电话联系你。

● 完成比完美更重要

很多人说自己是重度拖延症患者，其实有拖延症并不是懒，更多的是因为追求完美，觉得还没准备好，无法开始。

前两天，我那个减肥成功的闺密给我发了一条信息："你知道吗？之前你让我分享减肥经验，我心里是拒绝的。因为减掉 22 斤在我看来给人视觉上的冲击还不够强烈，我想等等再说。你说写吧写吧，很多人需要呀！我就硬着头皮写了。然后一个很久没见的朋友见到我问,你是怎么瘦下来的?我就把文章转给她了。前几天,她又碰到我,说去年她把文章转发给两个妹妹,她们每人减了20斤,她自己减了10斤,今年继续加油!我很想感谢你,如果没有写这篇文章,我只能随便说几个方法,她可能听过就忘了,也就不会有然后了。"

看了闺密的信息,我也好开心呢!每一次创业,每启动一个新项目,都会有很多声音说条件不成熟,有难度,再等等。

但是,说"等有时间了""等有机会了""等……再说"这些话,大概率意味着永远不会开始。产生一个想法,有70%的可行性,就可以试试。只要开始,就会发现有路不断出现在脚下;只要开始,就完成了最难的部分。按下行动键,是治疗拖延症的良方!

● 生活管理

很多姐妹抱怨忙得没时间管家里的事,我建议她们试试在每日手账页面的最下面留一个"私事"板块,我会在上面记录买牙膏、打疫苗这样的事情,见缝插针就把它们干掉了。

公司小伙伴体验后说这个方法太好了,一早晨做了好多事呀!把事情写下来,干掉它的可能性就大大提升了。

知乎上有个高人气问答:什么事情坚持做下来,整个人都会变美?

有人说：

坚持练天鹅臂，我拥有突出的锁骨；

坚持用身体乳，我拥有婴儿般嫩滑的肌肤；

坚持吃健康清洁的食物，我拥有逆生长的身体。

....

每次看到人家的成果都觉得备受激励，能量满满，自己却经常坚持个两三天就没有然后了。

我发现，只要把事情记在手账本上，分解到每一天的行动里，完成的可能性就大大提高了，不知不觉就养成了很多好习惯。

你比自己想象的更有力量

曾在朋友圈看到一位妈妈发的感慨：宝贝，因为你，想一直努力；也因为你，想每天待在家里。我想，这就是每位职场妈妈的真实写照吧。宝贝，你是妈妈的软肋，也是妈妈的铠甲，有你真好！

我知道，很多职场妈妈都是女超人，即使喂夜奶 N 次睡不好，早上依旧顶着黑眼圈强打精神去工作。哪有妈妈不想尽可能多陪伴孩子的，但往往加班和临时开会让我们早回家陪孩子的计划一次次泡汤。

夜深人静回到家，打开门就冲进房间看看宝贝，看到他抱着妈妈的枕头安心地睡着了，再看到枕边放着他送给妈妈的画，鼻子一酸……

相比全职妈妈，我们职场妈妈常常没法见证宝宝的很多"第一次"——第一次站立，第一次走路，第一次自己吃饭……虽然我们感到很遗憾，但依旧努力地陪伴孩子成长。孩子长大，一定会明白，妈妈对他的爱绝对不比任何人少。

而且，亲爱的，你会发现，你比自己想象的更有力量。

朋友在新西兰开餐厅，有一个10岁的女儿和一个6岁的儿子。

大家都知道，开餐厅事情多，特别忙。有段时间，孩子的姥姥从国内过来帮忙带孩子。待了半年后，姥姥不适应国外的生活，就回去了。当时她无比抓狂，又要顾餐厅，又要顾两个孩子，根本做不到啊！

但现在她却游刃有余，享受其中。她究竟是怎样做到的呢？

就拿早餐来说，以前姥姥会起很早，做各种丰富的食物，但孩子还是各种挑剔。朋友早上时间不多，只能做简单的早餐，她把这个情况告诉两个孩子，并说如果不吃，第二天就没有早餐吃了，两个孩子都乖乖地吃了。

新西兰的学校要带午餐。姥姥在的时候，做得花样多，也很好吃。朋友只有时间做简单的三明治，她告诉两个孩子，如果没吃或者有剩下的，以后就没有午餐带，两个孩子就都吃了。

我那天晚上去她家，两个孩子也都在家，他们完全自己睡觉，自己的事情自己安排妥当，做得非常好。

朋友还和我说了一件事：有一次，她着急出门，洗完衣服没有时间晾，女儿就主动和她说会帮忙晾。

其实，孩子很会察言观色，他们懂很多。当你试着调动他们的潜能时，他们会成长得很快；当你以自己的实际行动感染他们时，他们也会体会到你的不容易，学会心疼妈妈。

朋友说，她现在已经开始享受一个人带孩子的忙碌状态，很有成就感。其实，人生也一样，没有什么是你驾驭不了的。

每个妈妈都是潜力无限的女汉子

孩子比你想象的更独立

很多人当了妈妈后,觉得妈妈这个角色对孩子来说非常重要,孩子需要妈妈时时刻刻陪伴。其实并不是这样。

还记得哥哥刚上幼儿园那会儿,我每天都在学校门口看到好多抹着眼泪的家长。我虽然没有哭,但内心那个焦灼哦!你们懂的。结果几天下来,孩子居然很快适应了。

我相信很多妈妈,尤其是天天和宝宝腻在一块儿的全职妈妈,都会觉得:孩子他离不开我!其实你有没有想过,到底是谁离不开谁?

我记得弟弟不到六个月的时候,我和包爸出门去过结婚纪念日,把弟弟托给阿姨照顾。但吃饭、看电影的时候,我整个人非常不安,担心孩子哭闹，担心他不习惯喝冻奶，担心他没我哄不肯睡觉……结果越想越不安，电影还没结束，决定飞奔回家。结果是，出门整整三个小时，弟弟妥妥地睡了两个半小时，还有半个小时在钢琴毯上玩得很"嗨"。总之一句话：吃得好，睡得好，玩得好。我不知道该哭还是该乐。

孩子需要父母的陪伴是毋庸置疑的，但很多妈妈可能也会如我当初一样过度关注孩子。

全职妈妈很幸运，有很多时间跟孩子相处，但陪伴质量的好坏一定不是以时间长短来衡量的。最忌讳的一点是妈妈成天围着孩子转。适时、适度地给孩子独处的空间，才能使孩子更自在地成长。更重要的是留点时间给自己。

职场妈妈们也不必因为对孩子缺少陪伴而内疚。你对家庭和孩子的付出，孩子看得到，感受得到，自然也会格外珍惜你们之间少而高质量的亲子时光。

妈妈和孩子都是独立的个体，没有谁非要依附谁，亲子关系本来就是在父母与孩子渐行渐远中发展，母爱本就是一场得体的退出。放下焦虑，做自己能做的，你睿智与从容的状态对孩子和家庭来说才是最重要的。

包妈碎碎念
FRAGMENTARY
THOUGHTS

> 我们常常高估了自己在一天、一周内可以完成多少事情，却低估了自己在一年、两年甚至十年内可以完成多少事情。人生拉开差距并不是因为谁做了什么惊天动地的事，往往是因为一些微小的习惯能够长久地坚持，差距是无声无息拉开的。

最该富养的人是谁？

每当换季的时候，给两个包子找鞋就是一项无比浩大的工程。有一次我心血来潮做了统计，结果把自己都吓了一跳，我前前后后给俩娃买了足足有 200 双鞋！哈哈，咱绝对是蜈蚣战队的！

不了解我的人肯定要骂我败家了，买那么多鞋有必要吗？

首先，作为一个妈妈，我觉得一双舒适的鞋子胜过10件漂亮衣服，对足部尚未发育完全的宝宝来讲更是如此。选错了鞋子，会直接影响宝宝走路的姿势以及脚型和腿型发育，所以我非常重视给宝宝选鞋。另外，作为一个产品控，而且是当了妈妈又非常爱自己孩子的产品控，我对儿童用品真的是拿出我以前做数码产品评测的精细、严谨、较真劲来研究的。

想当年我还是一位新手妈妈的时候，也很迷茫，不知道什么样的鞋好穿，有哪些品牌，什么款式穿上更潮。

那时候，我们并没有多少钱，每次逛街，看到各种各样的鞋子，就如小鱼进入大海，在其中快乐地挑选自己所爱的款式。我会在经济能力允许的情况下尽可能多买几双鞋给包子穿，这样才能知道哪双最适合他。

我对产品似乎天生拥有无限的好奇心：这双鞋为什么卖得好？那双鞋为什么很多孩子都爱穿？新出的这款鞋子和之前的比有哪些优缺点？……我慢慢积累了一些经验，并把这些宝贵的经验分享出来，不仅帮助很多妈妈选到了合适的鞋子，而且解开了她们对鞋子的安全性、舒适性等各方面的困惑。这也使得我对鞋子的好奇心、研究之心更加强烈。

我买的鞋子越来越多，买得多了，经验足了，对各种品牌、各种价格的鞋子都有一些了解，就成了现在大家眼中"会买、会选"的包子妈了。看到很多跟随我多年的妈妈，通过看我的童鞋评测——对不同品牌、不同款式的童鞋的优劣比较和特点分析，买到了中意的鞋子，我就非常满足。

妈妈懂得富养自己,是一家人的福气

我不仅舍得给孩子买东西,宠爱自己我也是认真的。

有娃之后,群里讨论最多的就是穷养娃还是富养娃。其实对一个家庭来说,最有智慧的投资是富养妈妈。

你发现没,懂得富养自己的妈妈大概率是自信、有趣,爱生活也会生活的人,内心有满满的爱和充足的安全感,对身边的人包容、理解,不强求孩子成为"别人家的孩子",不怀疑老公是否爱自己。

因为她把自己的身心关爱得很好,内在的爱是满满的,才能溢出来滋养家人。在这样的妈妈身边,孩子一定也阳光自信,对生活充满好奇,对人生满怀希望,自我价值感很高,不活在别人的评判里。

所以大家才说,妈妈的好情绪就是一个家庭最好的风水,妈妈的精神长相里藏着孩子的未来。

● 妈妈的格局就是孩子的格局

有很多朋友跟我半开玩笑地吐槽过,自从有了娃,逛街看到心爱的包包衣服,会下意识地按价格换算成上几节早教课,上几节游泳课,去几次游乐园……然后就没有然后了。

但付出感太强并不是什么好事,孩子一旦没达到你的预期,你就容易心理失衡:妈妈付出那么多,你却……多么熟悉的句子呀!这样只会让孩子"压力山大"。

每个人都渴望被看到被满足,总是委屈自己,神仙也会发牢骚。苏芩说,女人身上所有的焦虑和戾气都是亏待出来的。这话一点没错。

想富养孩子,妈妈先要懂得富养自己。对自己穷养的妈妈,很难养出内心充盈的孩子。因为妈妈的格局就是孩子的格局,妈妈的圈子就是孩子的世界。

不止一个朋友跟我谈起过，自己拥有的贵重东西都是别人当礼物送的，给自己买超过500元的鞋、超过1000元的包就会有罪恶感。不敢对自己好，别人对自己好也会深深不安，觉得欠了人情。这就是所谓的"配得感"低，不相信自己"值得更好的"。

妈妈的配得感低，对孩子的影响其实挺大。你不懂得拒绝别人，不好意思提要求，不敢争取跟自己能力匹配的工作，不敢提升职加薪……这些孩子都看在眼里，受到潜移默化的影响，变成同样性格的人。

鼓励妈妈取悦自己，不是说要给自己花多少钱，买多贵的东西。取悦自己，是在能力范围内给自己买高品质的、真心喜欢的东西。不因为打折去买一堆没用的，要告诉自己"我有能力，我有资格，我值得更好的"。

优雅得体的衣服，优质的化妆品，精致的小配饰，"心水"很久却有点贵的包包……不需要太多，但件件是精品，久用不过时，会让整个人散发出自信的光芒，跟以前绝对不一样。

很多人就是因为这些改变，在职场上给人更专业、更值得信赖的感觉，工作越来越顺风顺水，像"开挂"一样升职加薪，进入了一个正向循环的能量场。这样散发光芒的你，老公和孩子怎么会不欣赏不喜欢呢？

认识我的人都说，没见过你这么理直气壮、见缝插针地爱自己的人了！是的，爱自己，我是认真的，而且是第一位的。

做博主，风光背后有很多不为人知的苦楚，我见过无数次凌晨3点、4点、5点钟的北京、洛杉矶、奥克兰、悉尼……在机场赶稿子，最后五分钟冲上飞机。

在这样的工作强度和压力下，一定要更关爱自己才行。

出差去的地方特别冷，连轴工作特别累，感觉自己被掏空了，工作间隙我会要求：给我一颗糖吧！给我一块黑巧克力吧！收工后去吃顿好吃的吧！

小伙伴形容我得到满足后的样子，就像一个得到糖果的小姑娘。我说对呀，分泌了好多让人感到幸福的多巴胺，满血复活了！

去新西兰出差，朋友说你这么爱吃生蚝的人，一定要去布拉夫（Bluff）看看，那里是去往南极的最后一个补给点，有全世界最好吃的生蚝。

我们就在工作间隙开车一个小时跑过去了，时间很紧张，品牌方的朋友们就是拉我过去看看，拍拍照，然后就要赶回去工作了。

我发现餐厅离我们拍照的地方不远，当时还有十分钟就要走了，我想一定要给自己仪式感，就迅速带着小伙伴冲进餐厅，用五分钟时间吃了一打生蚝。那几天非常辛苦，但瞬间感觉身体的电量被充满了，幸福感爆棚。

大家看到的我那些美食美景的打卡照，90%都是这样"硬抢"出来的。

当然有机会逛街的时候，我给自己扫起货来也绝不手软。并不是因为我现在有经济条件可以任性，在我没什么钱的时候，我也是在能力范围内挑自己喜欢的买，不会为了打折便宜去买一些不需要的东西。这也是我努力赚钱的动力。

无论是工作还是带娃旅行，我都会给自己安排一些喜欢的活动。

带俩娃去新西兰游学，从每天一早把娃送去上学到娃下午3点放学的这段时间里，我给自己安排了语言课、健身课、舞蹈课，每天都过得充实快乐。

我带着移民新西兰五年的闺密去当地的网红餐厅打卡，逛小众时尚品牌店。

闺密说:"来新西兰这么多年,全都扎在娃的世界里,很少出来吃饭,这些网红餐厅我都没来吃过,也没怎么逛过街,几乎没给自己买过衣服。感觉你才是个老移民,我倒像初来乍到的。"

她还感慨地说:"都忘了生活原来这么美好,以后每个周末我都要把老公和娃带出来,让老公和娃在咖啡厅坐着,我去逛逛街散散心。"

很多妈妈都会有这样的心理吧,抽出时间和精力给自己,觉得亏待了孩子;把一切都奉献给孩子,又觉得亏欠了自己。

其实大可不必,我是妈妈,我也要做更好的自己。我先要让自己活好,只有自己开心了,才能以更好的状态去照顾孩子。否则天天疲惫不堪,牢骚满腹,也没办法让孩子开心。

所以,亲爱的,再忙也要给自己一些独处的时间,放松、思考,或干脆用来发呆,怎么舒服怎么来。

再忙也不停止学习,不放弃成长。我所上的语言课班上有很多七八十岁的日本老人,在新西兰边旅行边学英语,很难说英语对他们来说还有什么实际用处,但他们终身学习的态度,不断要求自己变得更好的精神,值得我们学习。

再忙也坚持培养一些兴趣爱好,跑步、瑜伽、健身,什么都行,我去年拿到了英国 WSET(葡萄酒与烈酒教育基金会)品酒师二级证书,爱酒的我终于持证上岗了。

养娃再费钱,也给自己预留一些"专属基金"。每个月为自己定存1000元,用来做"包包基金""美衣基金""旅行基金"都不错。

富养是一种生活态度,跟金钱无关。

常有人好奇地问:"包妈,为什么你忙到飞起,却看起来总是精力旺盛？"我觉得就是因为我随时满足自己，随时给自己充电。我的状态越来越好，包爸这两年开始"抱怨"我的逆生长让他压力有点大，哈哈！

● 被富养的妈妈才能富养孩子

妈妈把所有心血花费在孩子身上，完全失去自我，倾尽所有，带给孩子的也只会是令人窒息的压力和前进的阻力。

看过一个访谈，主持人问儿子喜欢爸爸还是妈妈，儿子毫不犹豫地选择了爸爸，因为爸爸经常出差，回来会给他带礼物，讲外面的故事。为什么他不喜欢为了他放弃工作，全职在家带他的妈妈呢？因为他觉得妈妈只会在家里监督他。

孩子更喜欢有思想、有态度的妈妈，而不是一个有血缘关系的保姆。

在我看来，无论选择做全职妈妈还是职场妈妈，只要你保持好奇心，不断成长，就是对孩子最好的养育。

坚持健身，有一天，孩子会说："妈妈，我长大也要像你一样身体强壮。"

坚持阅读，有一天，孩子会说："妈妈，我想做班里最爱读书的孩子。"

穿着大方得体，每天化妆出门，有一天，孩子会说："妈妈，你真漂亮！"

生活无须盛宴，闲时品一杯好茶也是享受……

人的气场和磁场很奇妙，越是开心，生活越厚待你；越是充满战斗的信念，怪兽越远离你；越是打扮得美美的迎接每一天，日子越美好。

富养是自己的态度，富养是自我的意识。管理好自己的身体和灵魂，才是真正的富养。

只有精神富足的妈妈，才能养出拥有富足内心的孩子，这才是富养孩子的真谛。

● 女人越富养，婚姻越美满

妈妈们要富养自己，但枕边人对妈妈们的富养同样很重要。

有一年七夕，我朋友收到她家先生送的一辆车，车牌是她名字的缩写，真是羡杀旁人。

很多不知情的人会酸溜溜地说：还不是命好，嫁了个有钱老公，成了阔太太！

其实，她和先生在一起时，先生还是个穷小子。他们携手走过的13年里，无论高峰还是低谷，她始终守在先生身边，不离不弃。

每一个生日、纪念日，先生都会用心为她准备礼物，从街边的红玫瑰、小饰品，到名家画展的门票和古董首饰。随着生活条件越来越好，先生送的礼物价格也越来越高。每一次送上礼物，先生都会拉着她的手，含情脉脉地说："亲爱的，感谢一路有你。"

那一刻，她觉得什么都值了。

很多人说，别谈钱，很庸俗，但是一个连钱都不肯给自己女人花的男人，我看不起！

老婆想买一束喜欢的鲜花吧，甩个黑脸：买什么买，一周就死了，浪费钱！

老婆想出去和闺密喝个下午茶吧，一万个不乐意：那么闲，孩子不用照顾了吗？

很多女人并不是非要老公掏钱买东西，而是更在意爱人的态度，能够得到一句"喜欢就买吧""想去就去吧"，瞬间就会觉得自己被宠上了天。

婚姻中，女人在意的根本不是钱，而是丈夫有没有把自己放在心上。

当然，有些人说，妻子要富养，相比物质上的合理给予，精神上的滋养更重要。

这一点我也是一千一万个同意的。

我和包爸刚结婚时，一切都是从头开始。那时候，经济条件一般，但一起看场电影，或者一块儿吃顿饺子，都觉得无比甜蜜。

创业初期，包爸经常加班，忙得不行，我除了在工作方面力所能及地帮助他，给他出主意、提建议，也会叮嘱他注意吃饭休息。包爸也常会忙里偷闲给我打个电话。我们互相知道彼此的状态。

在一起，我们享受相处的甜蜜；不在一起，我们彼此牵挂。

婚姻要维持长久，并不能靠容颜来吸引对方，给予彼此精神上的慰藉才是夫妻幸福生活一辈子的保证。

说到富养妻子，黄磊绝对是个标杆，他让我们看到富养妻子不只是给予物质上的支持，还有发自内心地尊重和爱护妻子。

他这样描述自己和妻子的日常生活：我和孙莉到今天依然很快乐，每天都过得很充实。女儿上学，孙莉上网，我看 NBA 球赛，各自享受着快乐。看完球赛，我去健身房，孙莉在家收拾房间。健身回来我做饭，她洗碗。我们都很享受各自的劳动，把它当成一种乐趣，也经常在看似平淡的生活中寻找乐趣。

黄磊在给女儿的信中写道："相信你们长大会有这样的印象：爸爸在厨房做饭炒菜，妈妈在洗衣晾被，一家人一起做面包和曲奇饼干。"

这样温馨的家庭生活，对家里的每个人来说，不都是最好的"富养"嘛！

● 当了妈，也别忘了打扮自己

也许有人说：娃都有了，还打扮给谁看啊？

而我却多希望若干年后，当我成了老太太，我的两个儿子翻着白眼傲娇地说：我妈太能折腾了，简直一老来俏！

就算老了，我也要做最会买、最会穿、最优雅的老太太。

我有个朋友，单身，外号"男人婆"，以现在时髦的网络语言"88年的中年女子"来说，她显然是"中年后"了。十几年不变的超短发发型，一年四季黑白灰的性冷淡色系服装，别说涂脂抹粉，就算做个面膜，她都嫌麻烦。在经历相亲的次数比她的年龄还多后，她有点心灰意冷。

我们都劝她，你该好好打扮一下自己了。她却一脸不屑地说："如果只爱妖艳货色，那就是虚伪，这样的男人我不要也罢！"

可是，亲爱的，人都是视觉动物，谁能一开始就通过你平平无奇的外表看到你美丽的心灵？

而且美是不分阶段的。

25岁之前，女人也许是靠容貌令人悦目，但25岁之后，更多的是靠打扮让自己仪表端庄，优雅从容。

刘诗诗大婚的时候，刘妈妈意外登上热搜，一身水蓝色旗袍，身材修长，大气婉约，举手投足间有一种大家闺秀的既视感。就算身边有一群明星，刘妈妈依旧完胜众多年轻女孩。

去日本旅行偶遇的餐厅老板娘，精致到让人无法相信她是70岁的老太太。

再看看英国女王,不论走到哪里,都穿着得体的套装,连礼帽、胸针与衣服的搭配都完美无缺。有人说,有一种优雅叫伊丽莎白二世。这个90多岁高龄的老太太得到了所有人的尊重。

就算青春逝去,精心打理自己依然能让你拥有与众不同的气质和光彩。

而且,会打扮的女人更会挣钱。

这可不是我瞎说哦!经济学家丹尼尔·哈默梅什(Daniel Hamermesh)写了一本名为《为什么美丽的人更成功》的书,里面提到:在所有男性和女性中,外形漂亮的人要比一般人多赚4%~8%;就女性来说,漂亮的女性要比不漂亮的女性多赚12%。

当然,长相和身材并不是形象的全部,良好的气质、较高的品位和优雅的谈吐往往更重要。

穿得优雅漂亮能给我一天好心情

小时候家门口有家馄饨店，店面不大，但老板娘让我印象深刻，虽然每天起早贪黑地忙碌着，但她总是穿着时髦的中长裙，化着淡淡的妆，虽然长相不是特别出众，但看着就赏心悦目。每次路过，我总忍不住要进店点碗馄饨。这家馄饨店的生意一直很好，夫妻俩还开了分店。

你看，会打扮真的能多赚钱。

因为工作关系，我会接触一些玩具代理商，李姐是其中最让我佩服的一个。她容貌姣好，身材紧致，衣着得体，笑容满面，你根本想不到她是三个孩子的妈妈，而且大儿子已经成年了。

我问她是怎么做到的，她说，你的形象里藏着你对生活和工作的态度。去健身房，上美妆课，学习色彩搭配，看音乐剧……生活带给她自信和美丽，更让她对工作投以十二分的专注，从而在职场中获得赞美与赏识。

会打扮的女人或许并不是天生丽质的，却能通过严格的形象管理和内在修养的提升，拥有由内而外的美丽。能严格要求自己的人，在事业上又会差到哪里去呢？

很多人知道张梓琳，不仅是因为她是首位华人世界小姐，美得不可方物，更因为她从小学到大学，始终保持着优异的学习成绩。有颜有才，说的正是她。张梓琳说，除了自己得天独厚的身高优势，她能成功，更多的是因为妈妈对她的影响。因为妈妈是典型的"外貌协会会员"，在监督她学习的同时，也严格要求她管理外在形象。

哪一天母女俩一起出门，要是张梓琳没打粉底，没涂唇膏，妈妈就会直接告诉她：你今天不好看。无论是出席活动还是在日常生活中，她始终记得保持挺拔优雅的仪态。有一次，李湘采访她问道："你这样一直优雅地坐着，不累吗？"她回答说："已经习惯了。"

所以啊，哪有什么女生一爱打扮就会影响成绩这种说法，只不过是父母没有正确引导而已啊！

虽然我妈没这么洋气，但我深深记得小时候偷偷涂她的口红，穿她的高跟鞋被抓住，她从来没有用嫌弃凶狠的眼神斥责我"不正经"，反而会说"挺漂亮的"。我很感激她，因为她没有打击我的自信，也没有让我觉得追求美丽是一件罪恶的事情。

现在的我更爱美,按照包爸的说法:全家就你一个女生,你美了,我们仨老爷们才倍儿有面子,而且全家的颜值也提升了。

我怎么也不会想到,自己有一天会受到《VOGUE》杂志的母公司——世界顶级出版集团康泰纳仕的邀请,为他们的时尚KOL(关键意见领袖)学员授课;并在2019年受到戛纳电影节官方合作品牌的邀请,作为中国独立女性的代表,走上电影节红毯。这是我做梦也想不到的事情。

要知道,几年前我还是一个在家带娃的全职妈妈,为了俩娃的吃喝拉撒耗尽心思。

很庆幸我内心里一直住着一个爱美的小女孩。越来越多的妈妈给我留言说,看了我的文章,不仅消除了育儿的焦虑,也慢慢开始关注自己的形象,努力过得精致优雅。这真是最让我有成就感的事了。

当然,我不只自己买买买,也给包爸买,更对两个儿子的打扮丝毫不马虎。每次出门有人夸兄弟俩帅气拉着拍照,或者我发动态到朋友圈,有人留言询问衣服的品牌和购买的渠道,我都非常开心。所以,我觉得,无论生的是男孩还是女孩,妈妈都应该鼓励孩子追求美。并不是要时时刻刻紧跟潮流,至少要干干净净,大方得体。

包妈碎碎念
FRAGMENTARY THOUGHTS

> 200双鞋子背后,是我的生活态度。生活态度比物质基础重要得多。相由心生,美都是由内而外的,富有也一样。妈妈富养自己,就是一个家庭最好的风水。

你若足够优秀，孩子自会精彩

2014年，小小包31个月，迷你包在我肚子里7个月，我开通了"小小包麻麻"微信公众号；

2017年，公众号粉丝突破500万；

2018年，创号四周年，举办第一次粉丝见面会，孩子们脸上洋溢着开心的笑容，妈妈们和我像久违的闺密；

2019年，登上福布斯中国50位意见领袖母婴榜单……

只有自己知道，每一步走来都不容易。

热爱"买买买"

我的"买买买"经验从大学时期就开始积累了。

我是个臭美爱打扮的姑娘，上大学时，舍不得吃饭，把生活费省下来，去北京著名的动物园服装批发市场买衣服。为了砍价，提着大黑口袋，把自己扮成去批发的。

我家门口有个大康鞋城，一双鞋100多元，去的次数多了，发现只要买五双，就可以享受每双40多元的批发价，我就真的背了五双鞋爬回六楼的家，自留一双，在网上转手把其余四双卖掉，除了支付自己的开销，还能小赚一笔。记得找我买鞋的人的地址就在我家旁边,我当时特好奇地问我妈:她们为什么不自己去批发?

上班后,曾经有一个快递小哥跑到公司问我的同事,说你认不认识一个叫孙静的人。我同事很好奇,说你找孙静干什么。他说,我要谢谢她,因为她一个人养活了我们整个快递点。那大概是在2004年,网购刚刚起步。

我们商城的小红箱上有很多语录——"女人只有买买买,世界才能更美好""会花钱的老婆是个宝"。这并不是随便说说,都是我的人生体验呀!

买出一片新天地

当妈后,我是个母爱泛滥的巨蟹座妈妈,再加上"买买买"的体质和产品控的较真劲,结果我买了五辆婴儿推车,朋友们吐槽说加起来都可以买一辆不错的汽车了。当时包爸就特别不明白,为什么给孩子买一辆推车要花一万多块钱?

我就是特别想知道它为什么卖这么贵,到底好在哪里。为了解除疑惑,我就把各种推车都买回来了。

我的微博中有越来越多的妈妈追着问:"你给包子用的××是什么牌子的?"后来再有什么好东西,我就直接推荐了。当时海淘的静电贴、水画笔,国内都还没有,妈妈们有种打开新世界的感觉。

说到海淘,我的"种草"之路就是从这里开始的。那时刚刚发生了奶粉事件,全民心理崩塌,我又有这方面的需求,就开始海淘奶粉。当时并没有写得很好的给妈妈看的攻略,德淘奶粉需要德文翻译,德国的转运又跟美国不一样,好多规则只能自己摸索。

研究完,把流程走顺之后,就详细地写德淘奶粉攻略。首重是多少？买几罐奶粉才是最值的？注册完网站，再邀请别人，是可以有返利的……

这些都一一写到攻略里。妈妈们拿着这个攻略就可以一步一步照着下单买奶粉，既能买到安全的东西，还可以省钱，特别受欢迎。

当时各大母婴洋品牌实体店已经进驻国内，价格可比在国外买贵多了。金宝贝童装，北京蓝色港湾实体店卖 500 多元一件的宝宝棉服，我在金宝贝海外官网的 Early Bird 节海淘来才 100 多元。我赶紧告诉妈妈们下一年关注这个节日，计算好时差。

不仅线上"种草"，在实体店看到大促，也奔走相告。有一次 Okaïdi（欧开蒂）童装线下商场两折促销，我跑到微博上招呼了一声，瞬间收到 100 多条评论，也是爆了。

当了妈妈之后，大家的痛点都是一样的，我特别能感同身受。我自己走过的弯路，找到好物的经验，说出来能帮助妈妈们缓解育儿焦虑，让我觉得自己是被需要的，做的事是有价值的，特别有成就感。

后来就顺理成章地发展成大家要求包妈推荐好东西一起团购，因为大家的信任，加上一起海淘肯定更划算，我就不知深浅地接下来了。

第一次开团

现在想想，第一次开团只能用"无知者无畏"来形容，真的是手忙脚乱。

那次是日淘一款儿童驱蚊手表，我设想得很简单：统一收钱，一起下单，到国内再分发寄出就好了。结果当然出了好多问题，比如同一个收货地址的东西，将合并付款，一起发货，这一大箱子东

西不知道要被税多少啊,打个国际长途沟通吧:

Mo shi mo shi?(喂?)

Chinese OK?(请说中文好吗?)

No!(不行!)

English OK?(请说英文好吗?)

No!(不行!)

OK! Bye-bye!(好吧!拜拜!)

能感受到我内心的崩溃吧?一边是支付宝上还有妈妈在打订金,一边是不得不取消订单。

最后真是历尽千辛万苦,一单一单拼出来的。虽然过程挺不容易的,但看到妈妈们在评论区说"包妈,还有吗?分一个给我吧!""包妈辛苦了!",顿时有了一种被人需要的感觉,一切都值了!

越来越多的妈妈鼓动我说"包妈,开个店吧",越来越多的妈妈向我寻求各种育儿经。我跟包爸说:我想开个公众号,就叫"小小包麻麻"。那是 2014 年。

2014 年,作为准俩娃妈妈,我开通了"小小包麻麻"公众号

早晨 7 点半,一群拼手速的女人

有了自己的公众号,我觉得特别幸福,尽管很多人问我:"公号党"不是很苦吗?

如果这指的是半夜把娃哄睡后,悄悄起来码字到天亮,承受日更新的压力,全年无休推送(节假日是什么我不知道),那确实挺苦的。但公众号带给我的快乐也是翻倍的。

写到第三个月的时候,第一篇爆文来了,被转发 500 多万次,公众号瞬间多了好几万粉丝。文章在朋友圈刷屏,后台被留言填满,我得到的那种幸福感是无法言喻的。

我的第一批读者都是在微博鼓动我开店的妈妈,所以我的公众号先天有着"买买买"基因。

母婴产品评测、好物推荐、今日开团,这些专栏都是在妈妈们的呼唤中自然而然诞生的。妈妈们的需求,让我的选品能力有了用武之地。

我们是第一个定在每天早晨 7 点半开团的公众号。从此,每天早晨 7 点半,在看不到摸不着的互联网世界,都有一群女人在闹钟声中打开手机,盯着屏幕上的开团倒计时:3,2,1——开抢!每篇开团文下面的留言都还原了"凶残"的拼手速现场:

包妈,开始没抢到,等红灯时也不停地刷呀刷,最后真被我刷出来一个,噢耶!

开车上班的路上,到了 7 点 29 分拐到巷子里停下来,成功抢到!

包妈,能不能晚一点开团,我们新疆天还没亮呢!

呜呜呜,求补货,给娃换个纸尿裤的工夫,就没了!

那时候真的是拼手速，7 点 31 分，1000 个没了；7 点 35 分，5000 个没了。品牌方把全国的库存调过来，过 15 分钟又没了，他们说，包妈，你家粉丝太可怕了！

有一次过完春节，一套德国的翻翻书开团，每套 168 元，20 分钟抢完一万多套。当时我们以为程序出问题了，但这就是真实发生的。还有一次，某品牌在公众号做双十一预热，结果当天就抢售一空，双十一当天完全没有东西可卖了。

就这样，在姐妹们的支持鼓励下，我把爱好做成了事业，每天都忙碌而快乐。

买遍全世界

妈妈们一次次把团购变秒杀，一次次清空了各大品牌的全国库存……成功引起了国际大牌的注意。

以前费尽周折海淘转运找代购，现在世界 500 强品牌纷纷向我发出邀请，诚恳地说：包妈，希望你带着中国妈妈的需求来考察我们的产品。他们认真记录我的建议，加入产品改进升级中。

感受着咱大中国母婴市场的崛起，咱中国妈妈的需求被重视，我自己也能参与其中，在某种意义上成为这些品牌和中国妈妈的桥梁，我感到特别荣幸。

生娃前，我是个 IT 女，喜欢研究数码产品做评测。当妈后，我又开始痴迷于母婴产品。我用简陋的工具做过很多母婴评测，家里、办公室里能找到的小工具，都成了我评测时所用的道具，现在看起来很简陋，但不得不说，这些土方法帮助妈妈们少走了很多弯路。

现在，我走进世界 500 强的全球研发中心，和科学家大牛们一起用高精尖的仪器做实验,见到传说中的各种专利成分,真的有梦想成真的感觉。

那天,我翻到刚开始写公众号文章时傻乎乎的自我介绍:

我不是育儿专家,但是我学习并接受最新的育儿理念;我不是儿童服装设计师,但是我喜欢给宝宝搭配服装;我不是做饭达人,但是我在努力让宝宝吃得更加营养美味;我热爱阅读,并期盼着每晚的亲子阅读时光;我喜欢购物,并感受着各种海淘的美好;我热爱生活,我想我们应该尽情地享受它。

对,和宝宝一起,每天都开开心心的!

看完我眼眶湿了,没想到当年随手立下的 flag 竟然都实现了。

我喜欢带娃,喜欢码字,分享了几百篇育儿心得,从最初的无人理会,到现在每天被几十万人点开。妈妈们说自己的焦虑缓解了,生活发生了很多变化,我码字的劲头更足了。

在美赞臣全球研发中心,我手中拿的就是添加到奶粉中的 DHA

为公益学校的孩子们建起一间间绘爱图书室，让更多的孩子有书读，读好书，用读书来改变人生

成为 BIBF 形象大使，带领更多妈妈和宝宝爱上亲子阅读

我爱臭美，也爱打扮娃，想要给孩子穿性价比高的优质童装，做了自有品牌——包妈优选。那么多妈妈爱上了它，每次开团都是秒杀，已经累计售出 30 多万件商品。妈妈们说，衣服就在包妈家买——没有什么是比这更大的鼓励了。

我热爱亲子阅读，从给自己的宝宝读书，到成为亲子阅读推广人。

我喜欢购物，热爱生活，把这份兴趣爱好发展成一份小事业，让自己的分享和推荐帮助到更多的妈妈。

特别认同一句话：人生不是由几个关键时刻组成的，而是存在于微小的细节和习惯里。人生的道理不多，从自己能做的事做起，做真心热爱的事，一定会越来越好，未来超乎我们的想象。

做梦我都不会想到我会作为仅有的两家媒体之一的代表，和《人民日报》一起，被有着 120 年历史的德国喜宝集团邀请前往总部考

察；和央视一起，被有着190多年历史的欧洲净水巨头BWT集团邀请到欧洲参加"全球净水趋势论坛"；被泰国驻华大使馆授予"中泰文化贸易交流大使"称号；走入美国弗里蒙特（Fremont）市市政厅，与市长先生谈论嘉宝这个美国国民辅食品牌。

不会想到新西兰驻华大使傅恩莱（Clare Fearnley）会跟我说，下次再去新西兰一定要告诉她，她要follow（跟从）我的推荐。

不会想到，我会作为中国妈妈的代表，走上戛纳红毯；入选2019福布斯中国50位意见领袖母婴榜单。

在这个过程中，我强烈感受到我们祖国的强大，全世界的品牌都在努力争取中国市场。

而最让我感到有价值的是，很多妈妈说，通过用我推荐的好物，消除了育儿焦虑，提升了家庭生活品质。

比如妈妈们经常为孩子不吃鱼油烦恼，因为味道很腥。我跑到北极圈,找到了一款像果冻一样,吃起来带着水果味的鱼油。结果很多妈妈跑来跟我说:"包妈你知道吗,这个鱼油我得藏起来,防着孩子偷吃!"

还有一款荷兰有机牛奶,我跑到荷兰的有机牧场以及当地商超和居民家里考察,确认真的是品质人气过硬的国民产品。开团当天,售出 10000 多件商品,震惊了荷兰总部。妈妈们给我留言说:"包妈,刚刚到的牛奶,娃一口气喝了六盒,这还是那个不爱喝牛奶的孩子吗?"

这种评论在留言区比比皆是。

一次粉丝见面会上,一位奶奶抱着小孙女跑过来,特别开心地说:"终于见到包妈真人了!我家宝宝四岁了,在包妈家买了四年东西,从宝宝会说话开始,她自己就会说:去包妈那里买吧!"

特别特别感谢读者们对我的信任,没有你们,就不可能有今天的一切,我所能回报给大家的只有"不忘初心"。

最后我想说,做了妈妈,我们也可以遇到更好的自己。不给自己设限,让未来到来,以满满的能量去过好每一个当下。

包妈碎碎念
FRAGMENTARY THOUGHTS

> 从一个爱买买买的小女生,到粉丝口中"中国最会买的妈妈",很多人说:包妈,你的"种草机"有魔力。魔力背后是"产品好,价格好,服务好"。做大家的"三好包妈",帮大家缓解育儿焦虑,提高生活品质,是我不变的初心。

CHAPTER 3. 第三章

成为更好的自己 193

GOOD

PARENTING

好 的 养 育

CHAPTER 4.
第四章

你的家胜过天价学区房

忙爸爸也能是好爸爸

曾有人调查过 2000 位 3~6 岁孩子的父亲，结果 80% 的父亲都表示自己工作忙，没时间照顾孩子。

《2017 中国家庭亲子陪伴白皮书》令人深思，55.8% 的家庭都是由妈妈担当育儿的主力军，爸爸充当主力的家庭只占 12.6%，还没有爷爷奶奶主要带娃的家庭多。

父子之间最大的距离就是，"孩子想要很多很多爱，而我只能给他好多好多钱"。

但是，对孩子而言，父亲和母亲一样重要，缺失了任何一方，孩子的成长教育都会受到影响。现在越来越多的父亲已经开始意识到了自己的重要性，精力开始向家庭和孩子的教育方面倾斜。

据英国《每日邮报》报道，英国国家统计局公布的数据显示，过去 20 年间，英国"家庭妇男"的人数翻了一倍，22.9 万名男子选择在家照顾孩子，创有史以来最高纪录。

美国的教育专家也指出，爸爸在育儿方面有很多特有的优势，他们不拘小节，懂得适度冒险，懂得忍耐，不感情用事，自己有时也像孩子，这些特点对孩子的成长都很有益处。

好爸爸要赚得了钱,更要带得了娃

经常有一些姐妹和我说:"这些道理我也懂,但是我家老公太忙了,出差加班,一个月甚至有 20 天不在家,但是他能挣钱,我也不再抱怨了。"

我不知道这些爸爸的月薪是多少,但孩子的幸福力不是由爸爸的财力决定的。

母爱再完美,也弥补不了父爱的缺失。

心理学家格尔迪说,父亲是一种独特的存在,对培养孩子有一种特别的力量。

爸爸会影响孩子性别角色的形成。有研究发现:男孩在四岁之前缺乏父爱,会缺乏攻击性,性格会更倾向于女性化;女孩在五岁前缺少父亲的陪伴,就会变得没有安全感,在青春期和男孩交往时,会出现焦虑、羞涩的情况。

在塑造孩子对人生的看法方面,爸爸起到决定性作用。

美国心理学家发现:同样一句话,爸爸说出来,对孩子的影响力远远大于妈妈说。

撒切尔夫人在成为英国首相时曾说:我的一切成就都归功于我父亲罗伯茨先生对我的教育培养。

很多爸爸的无奈在于:放下工作养不起孩子,拾起工作陪不了孩子。

仔细想想,赚钱固然重要,但再怎么样都不能和孩子的未来做比较。

美国总统奥巴马曾经说,陪女儿长大才是他最重要的事,因为他不可能干一辈子总统,却要当一辈子爸爸。

其实，哪怕爸爸抽出玩手机的空陪陪孩子，哪怕给孩子一个拥抱，都足以温暖孩子幼小的心灵。

包爸以前特别忙，经常好几天看不见人，但迷你包出生之后，在我的要求下，他每个周末都会抽出一天来陪我和孩子。每次他陪孩子的时候，孩子们都无比兴奋。

父亲是孩子生命中的一块拼图，一旦缺失了这块拼图，孩子的人生就不完整了。

毕竟，父亲不是一个职业，而是孩子的未来。

因为工作繁忙而难以陪伴孩子还可以理解，但现在很多爸爸在家能抱着手机打一晚上游戏，却不愿意陪孩子玩哪怕半个小时。一个姑娘说，她女儿经常跟奶奶说："奶奶奶奶，再给我生个爸爸吧，现在这个爸爸只玩手机不管我！"

那些赚得了钱，也带得了娃的爸爸，才称得上模范爸爸。而男人带娃，除了思想观念上心甘情愿的转变，更多的是出于一种担当。

和爸爸一起玩冰爬犁

我的事业做得顺风顺水，背后就少不了包爸对我的支持，尤其是在陪伴孩子方面，真的要给包爸点十二个赞。

我出差不在家的时候，他都尽量赶在孩子们睡觉之前回家，检查一下作业，和他们聊聊学校生活，陪他们疯玩一通。

很多人觉得，在照顾孩子方面，爸爸们先天愚钝。但是，勤能补拙啊！换尿片，第一次穿反，第二次穿反，第三次总会了吧。好爸爸就是这样练成的。

如果说爸爸们没有时间，那么可以提高陪伴质量啊！每天15分钟，就刷个手机的工夫，陪孩子看个书说个话，对忙于赚钱的爸爸们来说不难做到吧。

倘若爸爸们不知道从哪儿下手，可以问问老婆和丈母娘啊，相信肯定可以很快成为好爸爸。

当然，妈妈们偶尔也要放手，让爸爸们多参与，允许他们犯些错。你第一次当妈，他也第一次当爹啊！

总之，带孩子从来就不是女人一个人的责任，要让爸爸也参与到其中来。

如何让爸爸更好地陪伴孩子？

关于如何让爸爸更好地陪伴孩子，我总结了一些需要注意的事项，以及一些小技巧。各位爸爸一定要尽量抽出时间陪伴宝宝，因为你们是如此重要而且不可替代。真心希望每个宝宝都可以骄傲地说：我有一个好爸爸！

● 从老婆怀孕开始，全程参与

知道自己要升级为爸爸时，不管你是幸福满溢，还是惊慌失措，只要最终确定了要这个宝宝，你就要开始有模有样地进入爸爸这个角色了。在孩子出生之前，爸爸最需要做的就是让妈妈大人身心愉快！

爸爸要竭尽所能，不惜一切代价，让妈妈有一种"小主我终于当上皇太后"的感觉。

怀孕前期，由于激素分泌的变化，还有身体上的变化，很多妈妈会出现烦躁等负面情绪，爸爸要表现出极大的耐心，积极帮妈妈疏导，毕竟人家肚子里的孩子是你的，不拿你撒气，找别人你也不乐意不是？

除此之外，一定要多和老婆沟通，将她的情绪向积极的方向引导。比如聊聊孩子会不会和爸爸一样是大汗脚，会不会是单眼皮。总之随便找个能讨论的话题，不断沟通是让孕妇放松的最好方式。

另外给宝宝唱歌、讲故事等等这些胎教，不管对宝宝有用没用，都可以尽力做，因为妈妈肯定能感受到你的爱。

宝宝出生之后，爸爸就要干些体力活了，比如刷奶瓶、洗衣服啥的。其实只要有耐心，像哄宝宝睡觉这类技术活爸爸也能完成。当年包子爸爸就经常在夜里三四点钟抱着小小包满屋子溜达，虽然过程艰辛，但最终还是可以成功让小小包再次进入睡眠状态。给爸爸们一点信心，除了母乳喂养，爸爸们能干的事多了去了！

● **拼命挤出时间陪孩子**

当孩子逐渐长大，可以开始和爸爸互动了，陪伴孩子就是爸爸的必修课了。陪孩子玩耍，给他们讲故事，和他们互动，是每个爸爸都必须做的。

缺失父爱会使孩子产生性格缺陷，没人希望家里养出懦弱的儿子，或者飞扬跋扈的女儿吧！

如果你工作非常繁忙，几乎无法挪出时间陪伴孩子，那么比较好的办法就是在你的事业处于比较稳定的状态，你有了一定的时间支配能力之后，再要孩子。记住，每个孩子都有享受父爱的权利，如果你不能给予孩子这个权利，就先别要宝宝！父母一定要对自己的孩子负责！

● 与孩子亲近，让他们感受到你的爱

印象中，传统的中国父亲形象大都是内心有爱，外表冷漠，且不善言辞的。父亲在家里总是板着一副面孔，充满威严感，不能亲近。

突然想起一些"狗血"的电视剧剧情，似乎更能说明问题：不知为何父子间有很深的隔阂，互相不闻不问，直到某天父亲出车祸或者病重，父子病房相见，四目相对，说一句深情的"我爱你"，亲情的天堑瞬间变通途，从此爷儿俩过上幸福的生活……

各位爸爸千万别整这些没用的，让孩子时刻体会到你的爱才是最重要的。爸爸的威严不需要刻意营造，孩子对你的崇拜是天生的！

包子小时候，包爸会抱着他讲故事；当小小包完成了一幅拼图，包爸会对他毫不吝啬地夸奖；爷儿俩会在床上一起跳舞，会在包子兴奋的大叫中持续玩 10 分钟捉迷藏，会闻闻对方的脚丫，比比谁的香……

每次他们父子在一起玩耍的时候，小小包都非常开心。爸爸们千万不要刻意营造与孩子之间的距离，你要做的是时时刻刻表达你对孩子的爱，鼓励他们，与他们亲近！

● 不要较真，让孩子获得简单的快乐

和宝宝玩的时候要全心投入，要有意识地降低自己的智商，回归童真。其实玩什么、怎么玩都不重要，让宝宝在游戏中哈哈大笑才是你的目标。

可以玩一些简单的，宝宝能轻松完成的游戏，让宝宝建立起自信心，比如和宝宝捉迷藏，和宝宝比谁的积木堆得高，等等。

另外，如果你是一个有幽默感的人，一定要在宝宝面前完全表现出来，这会让你的宝宝受益终身。

- 尽量承担教育孩子的责任，多学习，不断进步

孩子逐渐长大，对他们的教育变得越发重要。如果你本身足够优秀，通过"身教"可能就能培养出优秀的孩子，但我还是建议你看几本儿童教育方面的书籍，因为像说谎、打人这些大人世界中绝对错误的行为，对宝宝来说是完全正常的，如果你不具备这些基本的育儿知识，很可能会误解孩子。

另外，你还需要找到一个方法，让孩子知道他已经触碰到了底线，需要马上停止。这种方法一定不是打骂，可以是给一个严厉的眼神，也可能是罚站，总之要有效且不暴力。

每个家庭可能都需要有一个相对比较严厉的家长，虽然有点难，但是我个人觉得爸爸更适合这个角色。

- 努力给孩子挣奶粉钱

我想这可能是所有妈妈的期望吧，但是说实话，发财致富这事真不是靠努力奋斗就可以实现的，机遇、环境，还有很多随机因素，都会起到非常大的作用。其实只要老公踏踏实实地工作，心里有这个家，就是最好不过的了，挣钱再多也换不来家庭的幸福。

我觉得，如果老公事业有成，工作繁忙，妈妈在家庭方面就多付出一些；反之呢，就夫妻同心协力，不管客观条件如何，至少努力营造一个温馨的小窝。

妈妈们要记住，不断地给老公压力绝对是个愚蠢的方法，鼓励和引导才是聪明老婆的绝招！

好老公都是别人家的

妈妈们在一起吐槽队友,经常会互生羡慕:你家老公真不错!

朋友们就经常对我发出这样的感慨,她们说:你家包爸事业干得不错,又顾家,对老婆体贴,对孩子耐心,搞得了IT,写得了情诗,真是难遇的完美老公了。

真的有完美老公吗?且听我说。

你们只看到了包爸写诗,没看到他的"生活小白"和"低情商"表现。

暑假里,我和他带娃出国旅行,返程时因机票问题,要各自带娃飞不同航线。他的计划是这样的:我带着哥哥和四个大箱子(包括一个轱辘掉了瘸腿的),他带着弟弟和一个小行李箱……

看到这个分配方案,闺密都替我鸣不平。包爸愁容满面:多一个箱子也hold(掌控)不住了,弟弟路上睡了要我抱怎么办?转机赶不上怎么办?

唉,我能怎么办?

谁让咱遇上一个"自理能力为零"的老公呢!我忍!

包爸穿衣是万年不变的程序员风格,我给买什么,他就穿什么,衣柜抽屉里第一件和第二件是什么,就永远穿这两件。有一次,我的中性款T恤被错放进他的衣柜,人家拿起来就穿,还特高兴地说:"老婆,你给我买的这件T恤真不错!"

不仅记不住自己的衣服,对我穿什么也视而不见。有一次我俩一起开车去公司,我穿了一件新外套,他全程无视。到公司后,他来我办公室,看到沙发上的外套,来了一句:"这谁的衣服呀?还挺好看。"你说气不气人!

很多姐妹跟我吐槽老公不解风情，节日、生日、纪念日过得一言难尽。

风情是什么？咱也不知道呀！

我是一个喜欢仪式感的女人，每年的结婚纪念日，都是我自己一手操办（宝宝心里苦）。去年的这一天，姐忙得累了，突然不想动了，我不提示也不暗示，就想看看包爸会怎么表示。

果然，那一天非常平静地过去了……

深夜拖着疲惫的身体回到家，某人呼呼睡得香甜，没有祝福，没有惊喜。这时手机突然响了，家人群里我爸发来一条信息：今天是你俩的结婚纪念日，祝你们圆圆满满带着孩子过一生……

看看细心的老爸，再看看"睡到爪哇国"的包爸，心中一股无名之火升腾而起。

脑子里像过电影一样，想到这么多年各种纪念日，这位先生一次没搞清楚过，越想越气，越想越委屈，就这样哭着迷迷糊糊地睡着了。第二天昏昏沉沉地睁开眼，眼睛肿成了两只大桃子。

包爸一脸无辜地跑过来问：你昨天夜里头疼犯了吗，吃药了吗？要不要喝点热水？早饭想吃啥，我去买你最爱的油条？（直男关心三连）

吃着早饭，我一点点冷静下来，心想包爸这也是人在家中睡，锅从天上来，那么多年都没被要求过制造浪漫啊惊喜啊，记住各种日期对他来说绝对是超纲题，一觉醒来被老婆质疑不爱老婆了，也是蛮冤的。我这不是自己找气生嘛！

包爸这时候也看到了家人群里老爸的信息，求生欲满满地跑来认错，张罗着一起去看电影、吃大餐、选礼物，我也就不跟他一般见识了。

后来的纪念日，照旧是老传统——我来张罗。包爸经历过上次的事，也早早准备礼物，还是有进步值得表扬的。

今年的"520",他不仅给我发了3334元的红包,还提前准备玫瑰,给了我一个大大的惊喜。这简直就是天大的进步了。

所以说不用羡慕别人家的老公好,各家老公有各家老公的"蠢萌"和"特长"。男人的思维模式本质上都差不多,多去发掘自家老公的优点,才是婚姻幸福长久之道。

我家的科技咖老爸

包爸虽然生活自理能力不咋的,但这并不表示他对家庭的关注就少。实际上,他对家里人非常细心,家里需要什么东西,他总是第一个提出并购买。

有段时间,雾霾让北京成为"仙境",局部地区PM2.5数值已经爆表了!包爸作为我家的科技咖,好好研究了一番防雾霾口罩。从过滤标准到呼吸阀,甚至佩戴方法等等,一整套研究下来,都够写篇论文的了。

有了他的研究保证,我和两个包子出门就无任何顾虑了。

家里的除湿器也是包爸研究购买的。

包爸有个南方亲戚,在朋友圈说家里发霉了,家里的墙纸、家具、电器、书籍上长了一层青苔,洗过的衣服三天都不干,地板也是湿漉漉滑溜溜的,空气中弥漫着霉菌的味道,有时觉得床铺枕头都是润润的……甚至连100元的纸钞也变了色!简直让人无法忍受!

包爸听亲戚说,因为家里湿度太大,老人得了风湿病,而宝宝的皮肤也总是过敏和长湿疹。原来,当空气湿度达到80%以上时,由于汗液蒸发缓慢,人们会感觉酷热难耐,有时还会中暑或得肾病、结核病、关节炎等疾病。闷热潮湿的天气也很影响心情,宝宝也更容易哭，更挑战本来就憋闷压抑的内心，天天处在崩溃的边缘。

为了让家里免受这个问题的困扰，包爸几乎把市面上的所有大品牌的除湿器都研究了。那几天，只要从他身边路过，就看到他手机或电脑屏幕上显示的都是除湿器。经过多方对比、筛选，包爸终于选定了一款他觉得最棒的除湿器。

我们家里的电子产品、智能产品等都是包爸负责购买的，我们既省心又放心。

不仅如此，对生活中的一些小事，包爸也很细心，常常让我感动。

那时候，我在家里照顾两个包子，包爸在公司忙，每天晚上回来，还要继续做他的 IT 事业。这个时间，我们娘儿仨都睡觉了，他特意买了个有夜视功能的看护器，每次不用开灯，更不用担心进屋吵醒我们，在外面干活的同时就能看到我们。

我有时半夜醒来，看到房间里亮着的橘色灯光，那么柔和，觉得内心无比踏实、安定和充盈。

相差十万八千里的两个人

熟悉我和包爸的朋友都知道，我俩从性格到喜好真是相差十万八千里。看了我俩的生活，保准你对过好自己的日子会更有信心。

就说一日三餐吧，我俩的口味说出去，没人相信我俩是在一口锅里吃了十几年饭的"饭友"：

我无辣不欢，他一口辣都不能碰；我喜欢研究酒，他酒精过敏，滴酒不沾；硬邦邦的法棍是我的爱，软烂的乱炖是他的菜；面条，我吃热乎乎根根筋道刚出锅的，他吃凉了坨了成面糊的……总之一句话，我爱吃的他都不爱。

我俩性格也差着十万八千里。我爱热闹，周末不出门，我会觉得两天都浪费了，整个人都不好了；他呢，最向往的生活是宅在家或者去公司，思考，思考，深度思考……

我说话语速快，小伙伴们跟我说事得靠录音；他呢，火上房了也稳如泰山，给你不紧不慢冷静分析。

这样性格完全相反的两个人，在一个屋檐下生活都难，我俩能一起创业十几年，到现在每天还有说不完的话，相处之道就是理解、包容和彼此欣赏。

包爸善于思考，抛开表象看本质，我郁闷沮丧时，第一个电话一定是打给他的。

期末考试，哥哥英语考了93分，我知道考这个分数并不是他的真实水平，特别是当我听老师说有10个同学排在他前面时，我整个人都被焦虑支配了，也顾不上包爸在参加一个重要会议，一个电话打过去求助：我等不及你开完会了，我现在不知道怎么去面对孩子。

他特别有耐心地给我梳理情绪：那你觉得哥哥是粗心还是真不会？嗯，是粗心。那你觉得我们让他学英语的目的是什么？是会交流还是考高分？你觉得哥哥做到了吗？

电话打完，我的怒火和焦虑也烟消云散了，回家第一时间为自己的情绪和哥哥道歉。小小包现在很喜欢阅读英文原版绘本，跟外教进行交流也越来越游刃有余。很庆幸我没有因为那几分而打击孩子的学习热情，对于包爸的理性我真的服气。

包爸也非常尊重和支持我的爱好。我喜欢出门和朋友聚会，喜欢带着全家旅行，喜欢购物……其实很多事情都不是他的爱好，但只要我提出来，他总是积极响应。

我知道包爸也是个高度敏感的人后，一下子意识到他是多么包容我,因为对讨厌嘈杂的他来说,这些休闲娱乐活动会让他觉得非常疲惫,但每次他都欣然陪着我。

包爸还是个很爷们的人,过节给亲妈什么就给我妈什么,绝对一视同仁。当然,他在我家也从不把自己当外人,在自己家不刷碗,在我家也敢不刷碗。

包爸对钱没有概念,对花钱没有任何兴趣,很奇怪对吧,好在他对挣钱这件事还挺上心,哈哈!家里的钱一直都是我在管,他连钱包都没有,每次和朋友一起玩,都是我负责结账。如果我没去,他就特豪迈地对朋友们说:"今天老婆没来,我没钱,你们结账!"就是这么霸气!

众所周知,包爸还是个爱写诗的理工男,最擅长突如其来地撒把狗粮,搞得我又尴尬又感动。

乘风追了三万里
只为见你
愿将你此生全部记在眼里
披肩的头发,温凉的手
低头哭泣,狂暴的怒吼
孩子般的笑脸
那迷茫的眼
一切一切,只能与你分享
爱你!爱你!
走下去,到永远

——包爸小诗

因为一起创业,在生活与事业上,我与包爸是分不开的。包爸很爱在朋友圈分享一些过去的经历,一天,我正在买东西,包爸那家伙又发了朋友圈,同时提醒我看。我打开一看,是长长的一篇文字:

上大学的时候,有个姑娘叫孙静,帮我补数学。在她的帮助下,我的数学及格了,我拿到了毕业证。

毕业后,我仅仅用了八个月就把父母给的几万块钱赔到了中关村,成了一个loser(失败者)。我女朋友没有离开我,那时候,也许只有她觉得我以后能行,她叫孙静。

接下来的四个月我继续混在中关村,毕竟房租交了。这时有个人送了我一个Palm(掌上电脑)解闷,这个人叫孙静。从此我开始进入数码圈。

好不容易熬到了一年,希望彻底破灭,和中关村说了拜拜。因为在Palm圈已经小有名气,第二天我就去新公司上班了,介绍我去新公司的朋友是孙静介绍认识的。

在新公司,我的工作是做编辑。闲暇的时候,我帮孙静的公司做了一个论坛,顺带当了版主,认识了非常多的网友,比如我现在的合伙人。另外,为了让更多人来论坛,我学会了68K汇编语言。那段经历彻底改变了我的底层思维方式。

过了一年忍受不了枯燥的打工生活,我又创业了,这次我的合伙人叫孙静。生意不温不火,但和小伙伴们在一起也算充实快乐。

不久我结婚了,说实话当时我有点蒙,但从男孩到男人这一步早晚要迈出去,我很庆幸当时我没有逃避。我的老婆叫孙静。

接下来,公司的生意渐入佳境,我和孙静开着刚买一年的富康去4S店换了一辆奥迪A6L,店员问你们做啥生意的呀,发展这么快,我笑着说"正经生意"。

时间很快来到了2011年,我控制不了自己的欲望,网站被百度降权了,所有的一切都没了,我的人生陷入了黑暗。一个晚上,在遛弯的路上,挺着大肚子的孙静和我说:咱们做个导购站吧,就叫"天上掉馅饼"。过了三个月,网站赢利了,我的信心也回来了。那年11月,我们变成了三口之家。

孩子出生后,孙静全身心地照顾孩子,书籍、装备样样研究。后来她说想做个公众号,把这些东西记录下来,"小小包麻麻"就这样诞生了。然后我们有了新的事业。

回想一下,我真是每个阶段都有贵人相助,巧的是这个人都是孙静。谢谢!真心地感谢你!我要和你一直走下去,没你我不知道怎么活!

我对着店员,前一秒笑,后一秒哭,搞得店员也很蒙,不知道我是要买呢还是不买了。

老钱包里压箱底的青葱照

CHAPTER 4 第四章
你的家胜过天价学区房

如今我们是幸福的"1+1=4"家庭

就如包爸所写的那样，我俩一路走来，经历了多少风风雨雨、多少辛酸，只有自己知道。庆幸的是，经历风雨之后，我们还在彼此身边，心贴得更近了。

包爸说我是他生命中的贵人，他又何尝不是我的贵人呢！

我俩在生活中是夫妻，相互照顾；在工作上是伙伴，相互扶持。

我常常会有很多灵感，给包爸提一些建设性的意见。包爸善于深度思考，在做一件事之前，会将整个过程想清楚，评价其可行性，在经营层面上起了非常大的作用。

朋友说，我灵活热情接地气，包爸理性缜密沉着冷静，就像刘嘉玲和梁朝伟，相差十万八千里，但谁也离不开谁。

余生很长，包爸，请多关照呀！

我参加火星演讲会,包爸带着娃们来现场给我打气

包妈碎碎念
FRAGMENTARY
THOUGHTS

> 一个家庭里,父爱如山,母爱似海,爸爸和妈妈在家庭教育中各有优势,互补平衡,才是对孩子最有利的。
>
> 夫妻两人互相关心,互相照顾,你能看到我的辛苦,我能看到你的奔波,了解对方的缺点,更欣赏对方的优点,生活中的一些细节就是对对方最暖心的告白。

做了父母,也别忘了相爱

《朗读者》节目里出现过许多关于爱情的内容,其中有一期节目的嘉宾读到了中国翻译家朱生豪写给夫人的情诗:"我一天一天明白你的平凡,同时却一天一天愈更深切地爱你……"

这几年,听到过不少妈妈念叨孩子的生活和教育,一直在数落丈夫,也听说过不少爸爸一边看着妻子照顾孩子,一边对一些小差错横挑鼻子竖挑眼。

为什么我看尽了你的平凡,却没有更爱你?

从何时起,我们忘了相爱?

小懿是当年我们朋友圈里最好看、最会生活的一个姑娘,后来她结了婚,和先生去德国生活,中间我们整整八年没有见过面。

没想到,再见面的时候,她的样子让我大跌眼镜。

我还记得当年她是时尚的领头人,剪个新款的发型,买支当红的唇彩,没几天,朋友圈里都是同款。

而现在呢,一身灰色系的有点随意的穿搭,一头大波浪,凌乱且缺乏光泽,尤其是略显疲惫的容颜和躲躲闪闪的眼神,和以前的她判若两人!

聊天中得知，这八年她和先生过得平顺安稳，但也逐渐寡淡若水。

她说，不管是生日、情人节还是结婚纪念日，也就头两年有点仪式感，现在他们已不过任何属于俩人的特殊日子。

偶尔想出去过二人世界吃个饭吧，先生说：算了，人多排队又浪费时间。

想一起出去旅游吧，先生说：太折腾了，把去玩的钱省下来可以补贴家用。

想给先生一些小惊喜吧，比如买套新睡衣，先生不是视若无睹，就是例行敷衍：嗯，还行吧。

渐渐地，她的心也淡了。

明明记得恋爱时，她随便嘟个嘴，他望着她时，都满眼倾慕，这让她瞬间幸福感爆棚。

小懿有时候也抱怨老公不浪漫，但老公一句话就让她哑口无言："浪漫能值多少钱？都老夫老妻了，有什么好浪漫的。"

我们听过太多这样的话了：

都老夫老妻了，还计较这些干吗？

都老夫老妻了，还过什么情人节七夕节啊！

都老夫老妻了，踏踏实实才是王道。

两个人曾经在厨房里嬉笑做饭的场景，早就变成了一人旁观另一人操劳。

有妈妈抱怨说，老公还是不要回来好，在家只知道坐在沙发上，还不如在外面工作，眼不见心不烦。

有了孩子后，妻子一心扑在孩子身上，旁人几乎插不进手。丈夫觉得自己少做少错，也省得被数落，便索性成为一个摆设。

中国家庭中，太多人不知道如何表达和沟通，只会默默付出和不停地埋怨。孩子成为维系婚姻的唯一纽带，当婚姻遇到挫折和坎坷的时候，人们往往会说：算了算了，为了孩子。

夫妻之间的纽带本该是感情，却只剩下孩子。所以，不少夫妻在孩子出国或者上大学后，突然就离婚了，因为不知道如何与对方继续一起生活。

没有爱情，只有孩子的婚姻，就像一具空壳，存在但毫无生气。

我有个朋友生了三个男孩，她和先生经常带着孩子们四处玩，但我从来没见过两人焦头烂额的情况，经常是孩子们玩在一处，夫妇俩像一对小情侣一样玩在另一处。

他们时不时来一些热恋的人常有的小互动，比如拍拍肩，拉拉手，亲吻对方，看着对方微笑。我偶尔会笑朋友说，你们这是要谈一辈子恋爱啊？

她说，婚姻里的爱情需要经常翻新。这让我想起美国女作家米格恩·麦克劳克林（Mignon McLaughlin）曾经说过的一句话：成功的婚姻需要和同一个人不断相爱。

知乎上对婚后如何保持"爱情不死"有一个解答，我觉得很有意思：

成熟爱情中的两人，要建立新的人格边界，才能产生更多容纳对方的空间，在保持距离、尊重空间的前提下，双方由恋爱者变成生活同盟者。爱情婚姻如果要长久，新建立的人格边界必须被拉得更大更广，不断拓展自身，共同寻找力量，获取方法并解决，一步步让生活向前。

没有人是一成不变的，夫妻也是。原本吸引彼此的特质会因为年纪和环境而发生变化，要维持婚姻，必须学会重新认识彼此，让自己一次又一次地爱上对方。

父母相爱是孩子一生的福气

钱锺书曾用一句话评价他的妻子杨绛："绝无仅有地结合了各不相容的三者：妻子、情人、朋友。"

朋友之间可以一起谈论爱好、精神生活，计划一些有趣的事。但是，有孩子的夫妻往往只谈论家庭分工、经济预算、孩子教育。

有了孩子后，很多夫妻忘记了彼此做朋友的乐趣，生活中只剩下鸡毛蒜皮的事和忧虑麻烦。

许多人都问我，为什么我和包爸的爱情可以一直保鲜？细想一下，其实很多时候，我们都在坚持关注对方，而不是把孩子放在第一位。我们会尽可能寻找机会，再忙也要过二人世界。

一本名为《当孩子降生》的书中写道，夫妻两人共享娱乐的多少与他们婚姻的幸福程度有很大关系，如果能够确保夫妻共度快乐时光的质量与数量，良好的夫妻关系就能够得到维持。

哪怕忙到无法脱开手，夫妻也要确保定期带着孩子做一些你们自己喜欢的事情，而不只是陪着孩子去游乐场。夫妻甚至应该刻意安排约会时间，这样才能保证共处的质量。

想要有一段长久的婚姻和爱情，夫妻就要像朋友般相处，要有共同的兴趣爱好和话题。

苏联教育家苏霍姆林斯基说：父母自身的行为对孩子有重大影响，不要以为只有教导孩子和吩咐孩子的时候，才是在教育孩子；在生活的每一瞬间，甚至不在家的时候，都是在教育孩子。父母怎样穿衣，怎样跟人谈话，怎样吃饭，怎样看报纸……所有这一切，对孩子都有很重要的意义。

其中也包括父母怎样对待彼此。

有一次朋友聚会,大家问桌上的一个小男孩:爸爸最喜欢谁?他想也不想就回答说:妈妈。我至今都能回忆起孩子脸上的幸福笑容。这种内心的安全感是任何东西都无法替代的。

都说父母是孩子的镜子,如果父母共同参与家庭活动,彼此心平气和地谈话、解决问题,孩子将来也会追求这样的家庭氛围。如果夫妻互相挑剔指责,儿女很可能也会用这种方式对待未来的另一半,这样的代价是惨痛的。

相爱的父母会告诉孩子什么叫和睦,什么叫宽容,什么叫沟通。父母彼此沟通,增进感情,创造暖意融融的家庭氛围,会对孩子产生深远的影响。

相爱容易,维持不易,有了孩子,夫妻需要用智慧去维持爱情。希望每个人在成为父母后,都不要忘记如何相爱。

成为父母后,为什么爱吵架了?

很多妈妈跟我说,她们和老公感情不错,有娃前也就是拌拌嘴,有娃后,吵架却成了家常便饭。

跟很多家庭一样,我和包爸为人父母后,吵架频次也增加了,而吵架的原因主要是孩子的教育。

有一次我俩在车上吵起来了,我情绪有点激动,好在包爸行车安全意识比较强,当即找地方停车跟我沟通。

不过,大多数情况下,我俩都是比较理性的,像讨论公司事务一样,开诚布公地说明自己的想法,互相沟通。

教育理念其实没有好坏之分，都是为了孩子好，有什么事不能心平气和地聊呢？

和妈妈群里的妈妈们聊过之后，我发现，更多情况下，吵架的主题是：谁更辛苦一点？

没孩子的时候还好，回家就可以放松了，歇一晚就满血复活。

但是，有了孩子就不一样了，原来的放松时间几乎没有了，两个人需要适应 24 小时随叫随到的状态，这样的转变让双方都十分不适应，作为带娃主力军的妈妈尤其觉得辛苦。这时夫妻两人往往无法感知对方的辛苦，觉得对方很轻松，继而产生强烈的不平衡感：为什么我这么累？

就拿我朋友来说吧，早上 6 点多，孩子起床之后，她就要开始马不停蹄地喂娃、哄娃。为了安抚娃，下午还得带娃户外活动两三个小时，直到把娃遛得心满意足。回家之后，开始陪娃玩静态游戏，完全腾不出手来做饭，只能饿着肚子等老公回来接手。

结果老公进门后径直去卧室"躺尸"，过了一会儿，就听见老公刷手机傻笑的声音……

换谁谁不气啊！于是她开始引导孩子去找老公玩。孩子又不是一个人的，凭什么让他闲着？

当然，站在老公的角度看，完全是另一种情况：

下午开了一个无比漫长的会，被老板刁难了两个多小时，工作好多天的成果被批得一无是处。下班又累又饿地推开家门，看见老婆趴在地板上陪孩子做游戏，和孩子哈哈大笑。家里乱七八糟，厨房里冷锅冷灶，饭菜没准备好。忍着不满回到卧室刚躺下刷个手机，就听见老婆那边别有用心地用一副娃娃音说：宝宝，快去找爸爸玩吧！

其实两个人都是身心疲惫，异常烦躁，等着对方关心照顾、安慰心疼，结果没人安慰心疼也就算了，对方好像还是一副很开心很爽的样子，怎能不气得牙根痒痒！于是彼此不停地挑毛病发脾气，直到成功把对方惹毛，大吵一架，谁都不好过。

吵架是一种十分消极的互动，生活已经很艰难了，不能相濡以沫，互相从伴侣那里得到快乐也就罢了，自己想要找点乐子，开心一下，都很可能会遭到对方无情的打击，整个家庭充满负能量。当快乐成为一种有罪的情绪，玩乐需要偷偷摸摸进行时，家就不再是一个让人感到温暖幸福的地方了啊！

多少婚姻就是被这样一种"不平衡感"彻底破坏的，你开心的时候，我看不顺眼，我痛苦的时候，你不能体谅，那夫妻两人还有什么感情可言呢？

那么，如何避免这种情况发生呢？其实很简单，体贴理解对方就好了啊，多关心安慰对方就好了啊，多扶持多分担就好了啊！

道理都懂，又有多少人可以做到呢？当自己都丧成一条狗的时候，谁还会顾及别人的感受和想法呢？

很多夫妻在不知道吵了多少架，车轱辘话说了多少遍之后，终于知道不可以这样下去了，然后试着去和对方沟通，去转变自己，重新进入一种正向循环的状态。

还有一种吵架，其实是"争宠"。

有了孩子之后，丈夫在妻子心目中的地位直线下降，很多丈夫心理上就会不平衡，甚至出现争宠行为。不知道你意识到没有？

朋友曾经跟我讲过一件特别搞笑的事情。她是个全职妈妈，老公每天上班超忙，她一个人在家围着小家伙转，跟老公的感情早就从卿卿我我的爱情变成每天聊天记录不超过10句话，每句话不超过 10 个字那种纯洁的战友情了：

"今天几点下班？"

"7 点多吧。"

"回家吃晚饭吗？"

"回，给我留饭。"

"回来带葱和蒜。"

"几根葱，几头蒜？"

哦不，也不是很纯洁，是那种经常打骂的战友情。

嗯，你没看错，不是打情骂俏，而是打骂。

不知道从什么时候开始，她发现老公有几个让当妈的难以理解的癖好：

特别爱吃孩子的零食，每次零食被打开，孩子吃了几口，再想吃的时候，准没了！不理解！关键是也不好吃啊！

每次孩子哭的时候，只要老公在家，准跑过来抱她亲她，孩子不让他靠近，越推他、越哭，他亲得越来劲。

孩子不哭的时候，干吗去了？

有一次娃晚上闹觉，非要吃饼干，她头大地翻了整个客厅，也没找到下午打开的那盒饼干，顺嘴问老公一句："你看见孩子的磨牙饼干了吗？"

老公不痛不痒地说："我吃了啊，咋啦？"

一句话说完，跟点燃火药桶没什么区别了！

用老公后来的话说，她几乎是面部扭曲地朝他大吼："你怎么那么馋啊！老吃孩子东西干什么！"随后就是一通数落。

老公蒙了一会儿，猛地站起来，激动地说："我连吃个饼干的权利都没有了吗？家里都是孩子的吃的，大半夜我饿了我吃什么？！"

那一脸委屈的样子，还真是能气得人叉着腰笑抽筋！

她转身回卧室哄睡了孩子，出来跟老公长谈了一晚上，从半夜12点谈到凌晨4点。

她说："从那天起，我才知道，老公跟孩子争宠这件事是真的，哈哈！"

老话说，男人无论多大，心里都住着一个小男孩，安抚好他心里的小男孩，他才会觉得安稳踏实。

原来，"有了孩子你也要爱我"还真不只是女人的要求，男人更要求如此。

这让我想起小小包小时候，有一次吃完饭回家，我跟包爸挽着胳膊走，小小包一看，飞一般跑过来，迅速推开了包爸，紧紧抱住我的胳膊。

包爸又气又笑地说了一句："臭小子，这可是我老婆！"

"不，是我的！"

爷儿俩还为此假模假式地"打"了一架！

后来我问包爸："媳妇被抢是什么感觉？"

包爸愤愤地说："还是有点吃醋的！"

现在想起来，我居然有种被"抢"的优越感，哈哈！

其实很多时候，男人真的是幼稚的大男孩，对于有孩子这件事，他们适应得超慢。

女人当妈，有十个月孕育孩子的基础，又有天生的母性光辉，见到孩子的那一刻，就已经把孩子摆在第一位了。

老公的话，嗯……如果家里有猫猫狗狗，可能就像邓超说的，得排到老四、老五、老六了吧！

可男人当了爸，突然有个人吸引了老婆的所有注意，才会争宠求关注啊！

所以，老公争宠是可以理解的，但是我也想为妈妈们辩解下：不是老婆不够关心老公了，只是养大一个孩子真的占用她太多精力了。当然，妈妈们也要注意，爸爸的这种争宠行为其实是一种暗示，暗示你要把注意力多放在爸爸身上一些，不要因为孩子而疏忽了自己的另一半，因为你的另一半才是此生陪伴你时间最长的人。

包妈碎碎念
FRAGMENTARY
THOUGHTS

> 其实很多时候，生活的琐碎会遮蔽爱情，然后我们错以为爱情不见了。其实，爱情从未消失，对有爱的人来说，即使生活给了他一地鸡毛，他也会把它们做成漂亮的鸡毛掸子。搭伙过日子不容易，希望我们都能好好珍惜枕边人。

婆媳关系,七个字搞定

婆媳矛盾一直是人们谈论的一个重要话题。

从某种意义上而言,婆媳共同爱着一个男人,可以说是"情敌",所以要说一点矛盾都没有,那是不可能的。

但是我想说,婆媳之间也没那么难处。有句话怎么说的来着:最好的关系,是我懂你的不容易。这就是人与人的相处之道,夫妻如此,婆媳也是如此。

互相尊重,有技巧地沟通

我跟婆婆在一个屋檐下生活了十几年,从来没有拌过嘴吵过架,和谐到我跟别人去讲,别人都不信。

我婆婆是个情商智商极高,且特别能干的老太太。

别人问她你有几个孩子,她永远都回答:两个,一儿一女。

每天快下班的时候,我都能接到她的电话,询问我回家吃晚饭吗,如果我不回去吃,她就跟包爸俩人凑合一顿,我回家才炒新菜。

每次我聊到和婆婆的和谐关系,朋友们都说:这是别人家的婆婆,我们可没有你这"运气"。

其实,婆媳关系哪有自然而然就好的,还不都是磨合出来的。

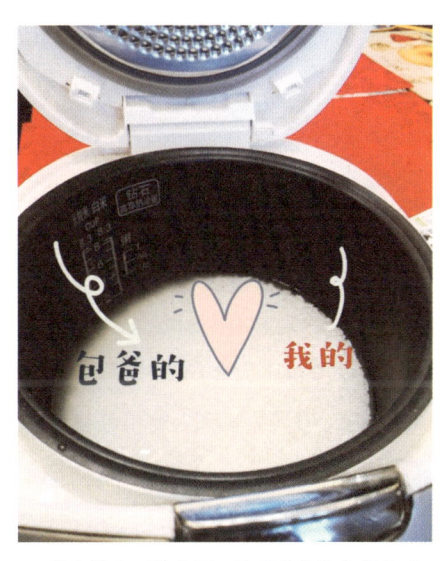

一锅有软有硬的米饭，就是我家的幸福密码

刚结婚我就发现，自己和婆婆的口味差别挺大的。婆婆喜欢吃炖菜，包括米饭面条，她和包爸都偏爱软烂的口感。我喜欢吃脆生生的炒菜，有点噎人的馒头，粒粒分明的米饭，刚出锅筋道的面条。哎呀，这些我的"最爱"，婆婆和包爸都不爱！

我觉得那就我来迁就他们吧，谁让我胃口比他们好呢！包爸到我家吃饭，我家也随他的口味走。我爸发明了独特的煮饭法——把电饭锅一边高一边低翘着放，这样就能煮出一边硬一边软的米饭了。

我觉得这一锅有软有硬的米饭，就是我们全家人和和美美的幸福密码，包容理解，求同存异，我懂你的不容易。

我喜欢买买买，家里三天两头收快递，一般长辈怎么也要念叨几句"省着点花"，但婆婆总是说：这是你们自己辛苦赚的钱，想买啥就买啥。

有天一大早，全家被门铃声吵醒，快递师傅抱着十几个大小不等的箱子出现在我家门口，婆婆都惊呆了，原来是我趁着促销囤的橄榄油到了，那场面让我笑了半天。婆婆看到那一大堆橄榄油才花了平常几分之一的钱，直夸我会买。

我给婆婆买起东西来也从不手软。我们俩一起逛街，看到她喜欢的鞋子，我不问价格就买下来，售货员说这母女俩真好。十年前，2000多元一双的鞋子对我来说也挺贵的，但她喜欢我觉得就值得。

我做家务不太在行，婆婆总是鼓励我。第一次做饼干，忙活半天烤煳了，我特别郁闷。她和包爸两人吃着不煳的部分，赞不绝口。婆婆说第一次做成这样就不错了，温暖的话让我的心情好了很多。

听姐妹们吐槽婆婆让人"难以忍受"的事，听来听去，90%都是育儿理念的分歧和生活习惯的差异：有种冷叫奶奶觉得你冷，有种饿叫奶奶觉得你饿；妈妈们在意什么时候加辅食，什么时候能吃盐，有没有及时换尿不湿，老人们也许没记清楚，也许执行不到位。矛盾就这么产生了。

刚生完小包子的时候，我一度也有点神经质，每天支着耳朵听奶奶有没有洗手。有一天，我刚哄睡孩子，听到奶奶从外面回来。她放下钥匙，轻手轻脚地走进卧室来看孩子，爱怜地摸摸包子的小脑袋瓜。

我憋了半天，还是没忍住："妈，你刚刚进门没洗手！"

奶奶愣了一下，有点不知所措："我也没拿东西呀！"

我很执着："你拿钥匙了呀，钥匙多脏呀！"

奶奶笑笑没说啥，走进卫生间洗手了。

等包子大了一点，我们闲聊到这件事，我问婆婆："妈，当时你不生我气吗？"

婆婆挥挥手:"都是啥鸡毛蒜皮的事呀,值得生气吗?刚当妈都这样,我也是这么过来的。"忍不住为婆婆的高情商竖起大拇指!

我觉得婆婆说得很对,其实带娃的家庭琐事中,很多事都没有百分之百的对错。良好的卫生习惯,科学的育儿方式……所有这些对孩子的成长都是有积极意义的,但这些真的是细枝末节。孩子五个月大吃辅食也不是什么天塌下来的事情,进门不洗手也不意味着孩子一定得病。跟这些比起来,家庭和睦才是最最重要的,经常吵架或者冷战的家庭氛围绝对会影响孩子的性格。孩子会天真地认为,他看到的就是正确的。

家和万事兴,没有任何事情比家庭和睦更重要,和睦的家庭即使没有大富大贵,也可以充满快乐。

所以,意见有分歧的时候,在结果无关紧要的情况下,多尊重下老人吧。实在超越了自己的原则,可以心平气和地和老人沟通,尽量避免当面和老人起冲突,一方面老人会觉得没有面子,更不能听取咱的意见,二来如果孩子在场,他们看到后会疑惑和害怕,甚至模仿父母的样子不尊重老人。所以,最好的方式就是坐下来好好说。

有妈妈也许会说:"我和长辈聊了,没用!"确实,老人一句"你们就是这么被拉扯大的"往往搞得我们完全接不下话。这时候,我觉得可以搬来"权威"救场。

"权威"可以是专家、老师,也可以是育儿书籍、电视节目。相比妈妈,老一辈的人更相信"权威"。

我就买过医生大V的线上课程,在家边做家务边听,婆婆比我还激动:呀,这不是那个著名的××医生嘛!听说他的号可难挂了。啧啧,讲得真不错。我就顺水推舟邀请婆婆一起学,再遇到什么带娃意见不一致的情况,我俩异口同声说:听专家的!

此外，试着换个人传达建议，说不定也有不错的效果。我觉得，女儿的话咱妈听不进去，那就让老公讲，女婿一说，丈母娘就很容易接受；媳妇的话婆婆不爱听，也让老公去说，自己亲生儿子说，还怕婆婆不接受？再不行，就借孙子孙女的嘴巴说，小孩子说，长辈多少会卖面子。

我知道有时候老人带娃真的有很多地方做得让人着急，但我觉得他们偶尔心急给孩子用了感冒药，偶尔为了安抚孩子让他吃了糖，偶尔把哥俩打扮得有点土，这些都不是事，并不会对孩子的成长有决定性的影响，咱真的不需要这么纠结。

除了多看对方的好，更应该懂得对方的苦。谁都有媳妇熬成婆的那一天，谁都不容易。所以呢，婆媳也好，夫妻也好，最重要的相处之道是将心比心，我懂你的不容易。

感恩有你

对普遍的中国双职工家庭而言，妈妈全职带娃是可望而不可即的一件事，妈妈休完产假之后，谁带孩子也就成了必须考虑的问题。

不外乎有两个选择：一是老人带，二是保姆带。

先不说请阿姨的价格涨得多离谱，但凡找过阿姨的人都知道，找个好阿姨比找个好老公还难！这时候，有老人帮忙带孩子绝对是幸福的。

弟弟小时候每天醒得特早，大约 6 点就咿咿呀呀地爬到我身边，一个劲地拍我的脸，还在我身上骑马，每晚熬夜码字的我内心是崩溃的。

此时，我通常会迷迷糊糊地喊一声"妈——"，然后奶奶就会火速小跑过来，从我怀里满心欢喜地抱走孩子，去她的房间给孩子换尿布穿衣服，然后带孩子去吃早餐。而我继续蒙头大睡，直到闹铃响起。

这个时候，不得不由衷感叹：有老人帮一把真好！

哥哥小时候爱玩拼图，需要有人陪着，一陪就是大半天。这时候有个同样爱拼图的奶奶，真是让我幸福感爆棚。

祖孙两人经常一大早就开始了，奶奶投入又有耐心，不急不恼地鼓励着包子。陪玩后还要收拾战场，奶奶每次都能把包子弄得乱七八糟，我看着头大的拼图整理得井然有序。包子现在拼图这么厉害，至少有奶奶一半的功劳。

婆婆是我家最给力的大后方，有她在，我和包爸加班出差，说走就走，不知有多放心。有她在，我才敢生病，才敢熬夜码字，才敢奢侈地睡懒觉。有她在，我庆幸有奶奶疼的孩子多么幸福，立春有奶奶做的香喷喷的春饼吃，立冬能吃到奶奶亲手包的猪肉白菜馅饺子。一家人其乐融融，这就是我眼里的"小确幸"。

以前，每每看到国外老人的晚年生活——在家种花养草，出门结伴旅游，早晚牵着宠物散步，把日子过得闲适美丽，尚且年轻的我内心都会生出一丝羡慕。

如今再看看自家的老人，原本退了休的他们也该游山玩水、下棋打牌，可他们却心甘情愿地帮我们带娃，一年365天，全年无休。

只是很多时候我们太习惯于老人的付出，忘了老人帮忙带娃是情分，不是本分。

只要我们需要，一个电话，相隔千里万里也会第一时间出现在我们面前。离开自己熟悉的环境，来到陌生的大城市，一把年纪，需要学习很多新鲜事物——学习用打车软件，学习查电子地图，适应年轻人的科学育儿方式,小本本上密密麻麻地记着带娃注意事项……

还要适应大城市快节奏的生活:"妈,宝宝今天有线上英语课,别忘了提醒他。""妈,二宝今天去参加同学生日会,放学你直接送他过去吧。""妈,今天我加班,晚上你哄娃睡吧……"

家务、带娃全都揽下,一个没做对,可能还要被批评。他们不仅身体累,心也累……

在小区遛娃,听到不止一个老人谈起:真想自己的家呀,每次要回家,我都高兴得整宿睡不着觉。等孩子过几年上学了,我就回自己家,想干啥干啥……一脸幸福地憧憬着未来。

这话听着让我心酸又心疼,对老人更多了几分感恩。

父母为我们辛苦了一辈子,要的真的不多,逢年过节给他们买件礼物,发个红包,他们总是笑嘻嘻地拒绝:"别乱花钱,我啥都不缺。"其实他们最想要的是咱们的理解和包容。当他们做得不是那么好,跟我们有分歧时,我们别着急别生气,好好倾听,好好说话,就是对他们最好的回报。

如果可以,再多一些鼓励和赞美就更好了。我经常和奶奶说:"妈,辛苦你了!""妈,谢谢你!"这时她总是不好意思地笑着说:"你们工作更辛苦,我们做好后勤保障是应该的。"出门旅行,我喜欢把婆婆和爸妈都带上,一家人到处走走逛逛,再普通的风景也有了意思。

春天来了,你走了

人生有相遇,就有别离,只是别离的这一天来得那么猝不及防。

婆婆走得特别突然，我和包爸当时都在外地出差，她感冒发高烧昏厥被送进医院，我们接到电话后分别从出差地往回赶。医生判断是肺炎，我们稍微放下一点心来。

但她的烧一直退不下来，人一直处在昏迷状态。医生用了最好的药，却没有突破强大的血脑屏障。从发病到离开，只有一周时间。

包爸去办手续，我在医院的走廊上，脑子里一片空白，止不住地流眼泪，哭到眼睛模糊，空白的大脑里只有这首小诗：

那个四月，我第一次体会到失去至亲的痛苦。

回到家，每个角落都有婆婆的身影。

打开冰箱，保鲜膜封着我爱的炸酱和孩子们吵着要吃的春饼。

床边是婆婆去医院前没来得及穿的鞋子，阳台上她养的花花草草在风中摇曳……

> **小小包麻麻**
> 春风来了，你走了
> 春雨来了，你走了
> 一定是天堂里的小花在召唤你
> 我爱你
> 永远都是
> 我坚强
> 我不哭
> 你永远都在
> 陪伴你，默默的
> 再见
> 再相见
> 脑海里，记忆里，梦境里
> 全都是你
> 我不哭，不哭
>
> 2016年4月15日 09:11

我吃不下也睡不着，半个月瘦了八斤。

几年过去了，现在跟朋友提起和奶奶相关的事，我还是不能释怀，说着说着就控制不住自己的情绪开始掉眼泪，哪怕是在写这篇文字的时候，也是哭着写完的。

在《请回答1988》这部韩剧的片尾，成年后的德善说：我想回到那个时候，见一些人，年轻如泰山一般的父母，好想见他们。看到这里，我总是会哽咽，为再也见不到的婆婆，为不再伟岸的父母。

只是人生不能倒带，走到了父母当年的年纪，自己做了父母，才慢慢懂了那些年他们没说出的辛苦和担忧，才珍惜那些被嫌弃的唠叨，才明白人生真的是"白驹过隙"。

手机里有很多没来得及回复的父母的留言：你到哪儿了？吃饭了吗？又在加班吗？放假能回家吗？

还没回复，他们又发来信息：知道你们忙，不用回了，我们都挺好的。

村上春树说：我一直以为人是慢慢变老的，其实不是，人是一瞬间变老的。

有很多人，来不及好好告别。

有些转身，真的就是一生。

有些再见，再无相见。

经历过突如其来的别离，我最大的感受是：人生中，除了生死，其他都是小事。能够遇见，能够成为一家人，就是缘分，好好珍惜吧。一辈子其实比我们想象的要短很多很多……

包妈碎碎念
FRAGMENTARY THOUGHTS

> 我庆幸自己遇到了一个好婆婆，她包容我一切的缺点和不足。将来，我也会努力做一个好婆婆，去理解孩子们的想法和不易。当然，我最向往的是做一个很酷的婆婆，做一个有自由有态度的优雅老太太。

当着孩子的面吵架，伤害究竟有多大？

孩子最怕父母干什么？答案是：吵架！

父母吵架给孩子造成的心灵创伤大到超乎想象。

来看一些触目惊心的案例吧：

江苏扬州一名 14 岁男孩从 29 楼跳下身亡，曾称父母再吵架就跳楼；威海少女小云难忍父母打架，一怒之下要跳楼，所幸被拽住了；合肥一男子难忍父亲长期对母亲和自己家暴，举锤弑父。

这些血淋淋的案例是真实发生过的，所以不要抱有侥幸心理。

英国的一项研究发现，父母总当着孩子的面吵架，不仅容易导致孩子成年后产生心理疾病，还会影响孩子大脑的发育。

该研究通过对 58 名 17~19 岁研究对象的家庭情况和大脑活动情况的分析发现：11 岁前经历过轻度至中度家庭问题的孩子，其小脑部分相对较小。而小脑与学习、压力调节及感觉运动控制关系密切。儿童小脑较小，可能会导致成年后患精神疾病的概率大大增加。

世界上最好的学校就是家庭，家庭成员之间发生交流不畅、争吵斗嘴、缺少关爱、情感淡漠和关系紧张等问题，不仅会给孩子造成心灵伤害，也会对关键的儿童大脑早期发育产生负面影响。

父母吵架时,孩子看到的是什么?

有人会说:"谁都不是圣人,难免有控制不住的时候。""夫妻间哪有不吵架拌嘴的啊!""吵架又没有彩排,肾上腺素飙升再让我憋回去,估计要憋出内伤吧。"当然,再恩爱的夫妻也会有磕磕绊绊的时候,吵架也好,拌嘴也罢,都是难免的。

大人总以为吵个架没什么,但你知道父母吵架的时候,孩子心里在想什么吗?

还记得看过一部泰国动画短片,叫《吵架的父母》,短片从孩子的视角表现了父母吵架的场景,到现在我还记得那个画面。

女孩原本跟妈妈一起在卧室看书,听到门响的声音,妈妈放下书下楼了。女孩偷偷溜到客厅,听到了父母大声争吵的声音,看到了父母互相撕扯的样子。

她害怕地闭上眼睛,再次睁开眼睛的时候,发现父母都变成了怪兽的样子,面目狰狞。

她吓得逃跑,但怪兽发现了她,竟然扑过来追她,撕咬她。无处可逃的小女孩根本没有能力抵抗,最后她也慢慢变成一只怪兽。

不可否认,虽然没有跟孩子动手,但对孩子来说,父母吵架也是一种家庭暴力。

最大的影响就是,孩子会被关到一个恐怖的空间,不停地怀疑是不是自己做错了什么,害怕爸爸妈妈不会再和好了,害怕没人爱自己了,以为自己要被抛弃了。

心理学家认为,长期生活在父母的语言暴力下的孩子,性格多半是有缺陷的,软弱、易怒、孤僻、爱讨好别人,有暴力倾向,甚至会改变生活观、择偶观。

在养孩子这件事情上，所有的结果都能找到原因，没有一丝侥幸。

夫妻之间，吵架是一场合理的谈判，就是用生气的情绪告诉对方，我的想法是什么，我的边界在哪里。和拥抱、亲吻一样，吵架也是爱人之间沟通的一种方式。

所以，吵架本身不可怕，可怕的是在争吵时把战火扩大。比如：

明明就是争论吃饺子到底要不要蘸酱油，最后竟能吵成你是个无能的窝囊废；

从西瓜到底是该横着切还是竖着切，争到就是你妈把你惯的；

吵着吵着就扩大到互相贬低、诋毁，把对方说得一无是处；

吵着吵着就上升到对方父母的问题；

吵着吵着就把孩子拉进战争，拉拢孩子必须选择一方站队……

这种吵架才最可怕，不仅伤了夫妻感情，还把孩子推进了成人情绪的旋涡里。

所以，我们也要学会反思，问问自己，这些平日的大大小小的争吵、争执是必然发生的吗？还是只是我们被情绪控制，失去了理性？

家庭大战，没忍住怎么办？

有的人会问，如果两个人实在没忍住，来了一场惊天地泣鬼神的"星球大碰撞"，那怎么办呢？会不会给孩子造成很大的心理创伤？有没有补救的方法呢？

杨澜曾经分享过一件事情，我们来看看她的处理方式。

有一次，杨澜跟先生因为一件事当着孩子的面发生了激烈争吵，孩子明显被吓着了。

他俩马上意识到这非常不好，待情绪稍微稳定后，他们决定先把孩子的问题解决了，再关起门来争论事情。

他们来到孩子的房间，单腿跪地，用完全平视的角度跟孩子诚恳地说："爸爸妈妈刚才做了一件非常错误的事，我们在你面前那样争吵，而且用了很不雅的语言。我们想跟你说，其实大人有时候也会做一些很愚蠢的事情。比如刚才我们做的事情就很愚蠢，我们真诚地向你道歉。"

他俩都快哭了，真诚地请求孩子原谅，并跟孩子解释：第一，爸爸妈妈还是相爱的，只是刚刚意见不一致，发生了非常激烈的争执；第二，我们永远爱你，不想让你受到任何惊吓和伤害。

我觉得这是一个非常好的示范，先面对孩子，再解决问题，将对孩子的伤害降到最低。总结起来，就是三点：

● **爸爸妈妈只是意见不同**

之前网上有过调查：在幼年时期，父母吵架，你最怕什么？童年时经历过类似事情的回答者中，近一半说害怕父母同归于尽或者离婚，自己无依无靠。

可见，小孩还不能理解父母吵架的原因，只是对父母恶劣的态度和语气感到恐惧。

所以，如果没忍住在孩子面前吵架了，记得温柔地告诉他，爸爸妈妈只是对某件事有不同意见，爸爸还是爱着妈妈，妈妈也爱爸爸。就事论事，对事不对人，千万不要私下里在孩子面前责骂对方。

● **及时安慰孩子"不是你的错"**

我记得有一本外国绘本叫《其实不是我的错》，讲的是一天晚饭时，孩子发现爸爸妈妈不对劲，他们互相不说话，甚至摔破了花瓶。

妈妈生硬地拉孩子上楼睡觉，第二天爸爸送孩子上学也一言不发。

孩子感到很恐惧，以为是自己吃饭捣乱让爸爸妈妈生气了，他们都不爱自己了，于是整天闷闷不乐，在学校也没法认真听课，连玩都变得没意思了。

没错，看到爸爸妈妈吵架，孩子的第一想法就是"因为我的错"。有一次，我跟哥哥生气，呆萌的迷你包跑过来说："妈妈，我要跟你道歉。"可见孩子很容易归因到自己身上。

在以前播出的电视剧《虎妈猫爸》中，小主人公茜茜也是因为经常看到父母吵架，从而产生了"父母吵架都是因为我"的愧疚感，最后竟得了抑郁症。

所以，一旦没忍住在孩子面前吵架了，要及时告诉孩子，爸爸妈妈吵架并不是因为你。

● 当着孩子的面和好

那本绘本的结尾是这样的：后来有一天，爸爸买了新的花瓶，还画了爱心卡片，孩子赶紧跑过去，在卡片上又画了一颗小小的爱心，妈妈买了鲜花放进花瓶。爸爸妈妈和好了，孩子觉得快乐的生活又回来了。

如果没忍住在孩子面前吵架了，那就再当着孩子的面把问题解决了吧。

有一次我和老公拌了两句嘴，正好小小包走出房间看到了。当时老公特机灵，马上给了我一个大大的拥抱，让我又好气又好笑。可别说，当着孩子的面和好是很有必要的，孩子的情绪能够得到安抚，他能够感受到爸爸妈妈的爱。

杨澜也说，吵完架要真诚地向对方道歉，大部分争吵都是为了求关注，少讲道理，直接来个抱抱就好了。

拥抱他/她,并且和他/她说"对不起""我爱你"。看到父母又和好了,孩子的恐惧和焦虑会烟消云散,他甚至会更坚定地认为父母感情真好。

包妈碎碎念
FRAGMENTARY THOUGHTS

> 武志红曾说,父母是孩子最大的命运,如果父母相爱,孩子会充满幸福感。这个幸福感,才是我们最该努力给孩子营造的。
>
> 发脾气是本能,能控制住才是本事,吵过之后怎么修复关系更见智慧。曾在一本书中看到过,夫妻要遵循责备他/她一次,找机会赞美他/她五次的原则。所以,甜言蜜语不嫌多,使劲夸吧!嗯,好像这招也适合用在孩子身上,嘿嘿!

榜样的力量

我很喜欢网上的一句话：父母与孩子的关系，更像打理行囊的管家和探险者。家长们应该尽量将行囊打包好，里面装上力所能及给予孩子的粮食和金钱，最重要的是装上正确的三观、勇敢的心和足够好奇的眼睛。

作为家长，你应该做的是：努力地站起来，挺起腰板，走得更远，让自己变得更牛。毕竟，让孩子站在你的肩膀上，学习你优秀的品质，孩子的眼界与世界观自然会比你更开阔。

榜样，孩子在模仿你跑步的姿势

有一句话是这样说的：一流的父母当榜样，二流的父母当教练，三流的父母当保姆。且不论这话对与不对，孩子在家庭中每天耳濡目染，父母的言行举止无一不是在示范。以前看到过有的家长在家里打麻将，孩子一边写作业一边看上几眼，关键时刻还出手支着，家长还高兴地夸奖：这孩子真聪明！

我想说的是，家长在慨叹自己的孩子不爱看书的同时，是否想过自己在家有没有看过书呢？如果你用看书的时间去打麻将，又怎么能让孩子安心写作业，踏实读书呢？

品质基于一个一个的小习惯，而习惯又体现在日常的行为中。你对新的事物是学习还是排斥？你对困难是积极应对还是消极逃避？你待人热情还是拒人千里？所有的一切，无不被孩子无意识地模仿。

孩子的言行不是被教导出来的，而是被影响，然后模仿出来的。正如孔子所说：其身正，不令而行；其身不正，虽令不从。一个人的价值观、行为准则、道德修养、习惯态度，都不是靠说教和强制形成的，而是在生活中受到熏陶，并在模仿实践中慢慢形成的。

心理学研究发现：孩子在12岁之前会把父母当成自己的偶像，对他们往往有一种强烈的崇拜之情，会下意识地去模仿父母的行为；在心智成熟之后，会努力达到或者超越父母的高度。

在一个家庭里，父母在孩子心中是伟大的，不在于多有文化，学历有多高，而在于能够给孩子带来什么样的价值观，能不能正确地引导孩子认识自己，认识社会。

在《少年说》节目里圈粉无数的付轩昂的妈妈就是一个很有格局的妈妈。她借社会实践的名义，让儿子每天写完作业都要刷碗拖地，还要学着做饭！

遭到儿子的当众吐槽，这位妈妈教科书一般的回答让人心服口服：

"老吾老以及人之老，幼吾幼以及人之幼"，别人家的孩子也是千娇万宠长大的，当你找到你的另一半时，不能让人家受委屈，家庭的重担就是要两个人一起承担，而不是一个人付出，男孩子更要有担当和责任感！

不知道是不是因为被妈妈圈了粉，我看到付轩昂脸上总带着微笑，有一股特别温和的气质，可能就是遗传了妈妈的气质吧。

想起我的老爸，他是一个很少说教的人，我们一直看着他做人、做事。从小就知道他是个书痴，他习惯边看书边啃手，两只手经常伤痕累累，可想他看了多少书。我看到他对一个新问题、一门新知识兴趣盎然，不吃不喝也要搞明白；看到他在工作中对自己要求极高，自律极严；看到他待人极为热心，帮扶弱小，不求回报；看到他为了我们的一些小事奔走操劳，对我们爱得深重……我们达不到他的高度，但是知道该如何去做。

因此，在期望孩子成为什么人之前，先看看我们自己能成为什么人。而做好榜样，也是家长自我管理、自我成长的途径。你成长首先是你自己受益，在成为一个更好的自己的同时，也会为孩子带来更好的示范作用。

因为孩子在跑步的路上，一定是从模仿你的姿势开始的。

父母本身的成长是对孩子最好的养育

父母对孩子最好的养育莫过于用自己的人格魅力、思维方式、对待世界的态度去感染孩子。

我和包爸一直很努力，一方面是为了能成就自我，另一方面更是为了让两个包子在提起自己的爸爸妈妈时，感到无比骄傲，并以我们为榜样，成就自己的人生。

● **保持空杯心态**

无论什么时候，都要保持接受和学习新鲜事物的态度，在一个阶段内，给自己和孩子定一个可以实现的小目标，努力去实现它。

停止学习的人是可怕的，就好像电视剧《我的前半生》中罗子君的儿子问她什么是"角膜"，她想了想，回答说：脸上敷的膜是面膜，脚上敷的膜就是脚膜。

父母的优秀其实也是孩子的骄傲，懂得保持空杯心态，才能跟孩子共同成长。

不管是工作上还是生活中，我都愿意接受和挑战新事物：公司里有很多年轻漂亮的女同事，我跟她们学习最新的美妆理念，了解最新的美妆产品；创业过程中，我接触过很多创业者，深深被他们身上不服输、不放弃的精神打动，自己也努力朝他们看齐；在陪伴孩子成长的过程中，我愿意和孩子一起解锁更多新技能。在我的带动下，我家的两个小包子都很乐意去接受新事物，不断地去学习、成长。

- 敢于推倒积木

每个人的知识结构和认知结构都是通过日积月累的学习建立起来的，就像搭建一座城堡，有一天你发现城堡已经搭到了顶层，你会愿意推倒它，重新搭建一座更好的吗？

想来大多数人都是不愿意的，否定现有的状态已经很难了，推倒重建更是对自我的完全否定，难上加难。

每一次复盘的过程都是痛苦的，需要不断否定自己。但每一次复盘都是一次提高，不断正视自己的缺点并重新构建认知，就会越来越勇敢，格局自然会越来越高。

作为创业者，像很多创业者一样，我和包爸经历了成功，也经历了失败，但每次失败，我们都愿意爬起来，从头再来。打倒我们的不是外界，而是我们自己。我相信，我们一直努力，不怕失败的勇气，我的两个孩子都会感受到。

台湾心灵作家黄淑文说，只要活出你自己要给孩子的典范，孩子自然会成长为他们所看见的人。要求孩子成为这样那样的人，首先要让孩子看到你也在朝那个方向努力，他才会跟着你一起加油。

- 和家人相处

记得一个母亲节,哥哥告诉老师,奶奶是爸爸妈妈的母亲,也要祝奶奶母亲节快乐。当老师把哥哥的话转达给我的时候,我感动得快要掉眼泪了。

在我家里,我和孩子的奶奶相处得非常好,如亲母女一样。整个家庭的氛围非常和谐。我想,这些年我和奶奶友好相处,互相信任和尊重,孩子也是看在眼里的。

家庭和睦,自然能够让孩子学会爱和分享。哥哥和弟弟相处时,虽然偶尔也会有争吵,但一直都非常和平,大的会让着小的,保护小的,小的凡事也会向哥哥看齐。

至于我和包爸,微信里的朋友常常会接收到我俩撒的狗粮。

生活在和睦友爱的家庭里,相信两个小包子长大后也会成为有爱的暖男。

● 心中有大爱

互相帮助,团结协作,可能是人类社会发展最基本的动力。我想每个人都有一颗帮助他人的心(当了妈妈后更明显),也绝对做过帮助他人的事,即使对方是个陌生人。

一直以来,我和包爸都在坚持做慈善,不管外界对"慈善"有什么看法,不管别人怎么说。

虽然一点小小的力量不能改变什么,但更多小小的力量汇聚在一起,就是不可估量的力量。至少我们能让孩子们感到自己不孤单,生活是充满希望的。

做慈善是我发自内心的行为,每当看到那一个个孩子,我就希望他们获得更多的幸福,这是一个妈妈听从内心的呼唤想要去做的事情。我也希望我的两个小包子长大后能继续坚持做这件事,希望他们心中永远有大爱。

包妈碎碎念
FRAGMENTARY
THOUGHTS

> 任何时候，物质条件都只是一方面，父母的修养、学识、自律能力、情绪管理能力以及家庭关系，对孩子有更大的影响。孩子一定是从自己的家庭中起跑的。我们尽了自己最大的努力，为他们提供能够提供的条件，就足够了。

要不要二孩？

弟弟还在吃奶的时候，早上醒来，小小包和我的一次对话让我记忆犹新。

小小包："妈妈，你能永远不死吗？"

我："为什么？"

小小包："因为我最喜欢你了。"

我：（像吃了蜜一样，傻笑！）

小小包："要不就没人给弟弟喂奶了。"

我：（继续乐！）

小小包："以后我死了，你还得照顾弟弟。"

哥哥自己还是个小人儿，照顾起弟弟来却非常有样子

我："妈妈会比你们先死，以后你要照顾弟弟。"

小小包：（若有所思地看着我……）

简单的几句对话让我眼泪汪汪，也让我幸福感爆棚，瞬间觉得为俩娃吃的苦、受的虐都无比值得。

家有俩娃，累并快乐着

我的一个闺密意外怀孕，是二胎，在纠结要不要，我内心多希望她能把孩子留下来啊！不过，这种事情真不是外人简单的一句"要"或"不要"就能解决的，毕竟每个家庭的情况不一样，我们只能客观地给点建议。

我是个母爱泛滥，见到娃就走不动路的巨蟹座妈妈，谈恋爱时跟包子爸说过豪言壮语，要生一支足球队。在二孩政策还没开放的时候，就毫不犹豫地把二宝排上了档期。特别庆幸自己当初做这个决定。

养俩娃，很累很累，产后的抑郁、喂夜奶的频繁、睡眠不足的崩溃、身材走形的烦恼、短暂失去自由的不甘，还有各种琐事的折腾，我都一样经历过。

养俩娃，也很幸福很幸福。怀二宝的整个孕期我都在担心爱不够分怎么办，见到二宝的那一刻，我忍不住哭了，我找到了答案：爱不是分成两半，而是加倍！性格迥异的兄弟俩，给了老母亲完全不一样的人生体验。

哥哥是高冷的大天蝎，逻辑思维和专注力强大，是我家的拼图小王子，见到拼图和乐高就走不动路，无论环境多么嘈杂，都能心无旁骛地投入其中。对自己要求高，写作业没让我操过心，假期日

CHAPTER 4. 第四章
你的家胜过天价学区房

我家的撒娇小王子,严重怀疑是被哥哥宠出来的

程严格遵守计划表,写作业、拖地、帮姥爷买菜……安排得井井有条,自律能力强到让我惊讶。

弟弟是热情的小狮子,情商高,语言天赋杠杠的,是我家的撒娇小王子,靠一张讨人爱的小嘴走天下。在异国他乡游学,靠脑筋急转弯迅速俘获司机叔叔的心;在幼儿园跟韩国小朋友鸡同鸭讲,也能愉快地玩耍;幼儿园转学,几位老师因为舍不得这个小家伙,直掉眼泪。

哥哥口味像我,爱喝茶、爱吃辣、爱零食。弟弟却是个罕见的养生宝宝,参加长辈的生日宴,拿回来的寿桃我问谁要吃,他马上举手:"妈妈,给我给我!我要长命百岁!"这理由也是绝了。饮料什么的再喜欢,只要我们念叨一句对身体不好,马上摆摆手不喝了。

他们越长大,我越觉得,手足是给孩子的最好礼物。他们分享彼此的快乐烦恼,每一天互相陪伴成长。

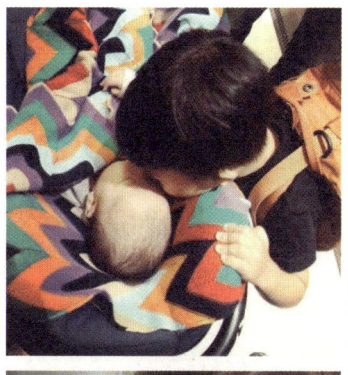

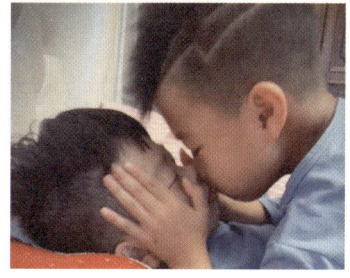

真羡慕弟弟，被哥哥从小亲到大

哥哥是"口嫌体正直"的"宠弟狂魔"，给弟弟洗澡，嘴上抱怨着"你可把我累死了"，手上比谁都细致温柔，弟弟一脸享受的样子。督导弟弟做起英文作业来，全程认真严肃，容不得迷你包有一丝敷衍。在弟弟心中，哥哥的话比我们的权威多了。

弟弟呢，永远是哥哥的跟屁虫，喜欢软糯糯地撒娇缠着哥哥，享受被哥哥保护的感觉。在他心里，哥哥是超人般无所不能的存在。有时候，弟弟又勇敢得令人惊叹，两岁多就冲欺负哥哥的小孩怒吼："你们再这样，我就打你们！"像只霸气的小狮子。

生二孩的条件

当然,很多人会说生二孩成本大。

的确,养两个娃,家庭财力、时间精力上一定紧张了很多。但每个家庭的状况不同,每个家庭的消费水平不同,每个家庭在各个时期的需求也不同。我身边有年薪上百万依旧很焦虑的爸妈,也有月薪一万出头,但仍然把生活过得有滋有味的父母。

拿我来说,我虽然一直努力给孩子创造良好的物质条件,但绝不会盲目攀比。弟弟至今没上过任何昂贵的私立托班,兄弟俩平时穿的衣服鞋子都是我海淘的,很多东西并不是必需品,但买书和旅行我还是舍得花钱的,所以养孩子真的是丰俭由人。

说养二孩累,其实又有什么事不累呢?这和工作赚钱一样,付出就会有回报。都说养孩子是用现在的三年换未来的30年,在这个充满竞争、人情冷漠、追求功利的年代,对父母来说,最重要的不是给孩子留下银子和房子,而是给他留下一个亲人。每每读到这句话,还是心生温暖的。

如果要说生二孩必备的前提条件,我认为最重要的就是家人的支持,包括同意你生二孩,以及有人能在你需要帮忙照看孩子的时候搭把手。其他的,我真觉得不是事。

如果你已经有了一儿一女,那你堪称人生赢家;如果有了两个女儿,那简直就是享福的命啊;和我一样有俩儿子也很好啊,老了还多俩闺女呢!生二孩,受益的不只是孩子,连咱们都赚到了呢!

磨合

家有两个娃的妈妈们都知道，大宝和二宝并不是从一开始就相亲相爱的，大都是相爱相杀，慢慢从中培养出手足之情。

说一件朋友家两兄妹的事情。

妹妹刚出生的时候，哥哥表现还挺好的，但看到妹妹要常驻不走了，情绪开始全面崩溃。

紧接着，忌妒心爆棚的哥哥偷偷制造了多起"暗害"妹妹的事件：不是突然在妹妹的莲藕腿上咬一个清晰可见的大牙印，就是趁妹妹玩耍的时候，朝她头上来一记力度十足的小儿寒冰掌，把妹妹拍得晕头转向，怀疑人生。

有一次，兄妹二人在沙坑里玩。大人在的时候，气氛一片祥和。大人一离开，哥哥便向妹妹发起偷袭，一把细沙扬到了妹妹脸上。专心吃土的胖妹眼睛眯了，辫子脏了，咧嘴大哭起来。

你看，哪怕是亲兄妹，彼此之间也有排他性、敌对性，甚至这种排他和敌对更有针对性，也更强烈。

很多时候，兄弟姐妹之间是在磨合与摸索中，甚至每天不下10次的争抢打闹中，才逐渐建立起分享、协作、谦让、维护等关系，而这也是我们妈妈最想看到的。

我朋友是这样对待家里的兄弟俩的：如果她正抱着弟弟哄他睡觉，就决不会因为哥哥的无理哭闹而把弟弟丢在一边，即便那时候的弟弟还只是个襁褓里啥都不懂的"小动物"。她唯一能做的妥协就是抱着弟弟陪哥哥做他想做的事，比如聊天，比如念故事。哥哥会买单吗？第一次当然不会。但是10次、20次、100次以后呢？哥哥还会继续做无用功吗？渐渐地，他会视"妈妈抱弟弟"为再正常不过的事,然后乖乖拿故事书坐旁边要求讲故事。

如果哥哥一把抢过弟弟心爱的玩具,惹得弟弟大哭不止,朋友不会一听见哭声就呵斥哥哥,因为她不想培养出更加爱哭的弟弟和更加充满怨恨的哥哥。她会挑一样哥哥心爱的玩具给弟弟,然后说:"我可以学你一样,随便抢你心爱的东西送给弟弟吗?"这招非常有效,哥哥立刻会把玩具还了。

这就是磨合。10次、20次、100次以后,当哥哥知道一旦动手,就会以自己心爱的玩具做代价时,他还会动不动就抢弟弟的东西吗?

在我家,如果哥哥和弟弟争抢唯一一台电视、唯一一块蛋糕、唯一一颗糖,我不会说哥哥要让着弟弟。孩子们,你们自己商量去吧,商量不出结果,大家都没有。哭闹吗?随你们哭闹。吵10分钟,没有。吵一个小时,还是没有。

家长无法代孩子们做决定,他们的冲突唯有他们自己才能去面对和解决,我们唯一能做的就是深呼吸沉住气,在正确的时候做公正的引导和裁决。只要我们能够坚定立场,保持一贯性,从不例外,孩子们争抢哭闹的时间就会越来越少,越来越短。

如今兄弟俩都想要同一个东西时,两人常常索性跳过争抢的步骤,直接"谈判"或者玩"石头剪刀布"。这对家长来说不是一劳永逸的事嘛。

兄弟情

孩子们过了磨合期后,建立手足之情,还需要我们引导。我会利用一切机会强化兄弟俩对彼此的认知,并形成身体记忆。

2018年冬天,我带哥哥去日本滑雪了,弟弟还比较小,只能留在家里。

哥哥在日本玩得超"嗨",但我也会抓空问他:有没有想弟弟啊?哥哥自然会想起和弟弟一起玩、一起闹的时候,会想着弟弟,回家后会把这次旅游的经历和弟弟分享;给他买玩具的时候,他还主动提出给弟弟买一个,并且挑了弟弟最喜欢的玩具。

经过我不断引导,哥哥慢慢会懂得兄弟之情,他小小的脑袋里会装着"我有个弟弟"的概念,并且会随着时间的推移而加深认识。这种兄弟情会让哥哥更有担当,也就是有哥哥样,在弟弟需要的时候,他便会化身为小英雄,挡在弟弟前面,保护弟弟。

有一次,我们去旅游,住当地的民宿,弟弟发现房子里有老鼠,吓得不行,这时候哥哥挺身而出:"弟弟别怕,哥哥来了!"我看了无比欣慰。

孩子的世界原本是一片纯白,很多事需要我们耐心引导,尤其是家里有二宝的父母,更要注意引导大宝和二宝相亲相爱,在血缘关系的基础上,让这份手足之情更深,而不是让孩子成为竞争者、对手。

有两个孩子真好

有两个孩子,会有什么样的体验?

两人好的时候,和谐到不需要大人的存在,甜腻起来让我这亲妈都嫉妒;闹起别扭来又哭得天翻地覆,让你恨不得把他俩都扔出门去清净片刻。

但我还是特别想说:孩子真的需要手足!尤其是在看了汪培珽的《还好,我们生了两个孩子》一书后,我真的感触颇深。

以前我也觉得孩子有父母的爱就足够了，我可以陪他玩过家家，可以陪他跑来跑去，可以陪他玩《大富翁》《三国杀》，可以陪他玩水枪射人、倒地装死，可以陪他玩得客厅一团乱。但是，再懂得陪伴孩子的爸妈，也需要忙自己的事。就像和你再好的朋友，天黑也要回家；再高级的玩具，也不会和人互动。

所以，从妈妈肚子里出来的兄弟姐妹，才是孩子最好的玩伴！

他们可以玩得一团乱，而不是像大人那样歇斯底里地喊"收玩具"；他们可以玩得忘记时间，而不是像大人那样扯着嗓子叫"吃饭了"；他们可以玩得专心致志，而不是像大人那样随时有工作打扰。

好几次，我在家里陪着兄弟俩，中途接到工作上的电话，然后回书房回复邮件。忙完的时候，突然想起两个包子，出来一瞧，哥哥搂着弟弟在读书，哥哥念得一本正经，弟弟听得聚精会神。那一刻，心里一下暖暖的。以前只要孩子们有半天不吵嘴，给我片刻安静，我就恨不得烧香拜佛，这时候反而觉得生俩孩子挺轻松啊！

他们懂得彼此的每一句话、每一个感受，一起玩每一个大人觉得"无聊"的游戏。

哥哥哭了，弟弟拉着我委屈地说："看到哥哥哭，我也想哭了。"这就是兄弟情吧。

早上吃早饭，弟弟说不饿不要吃，我去拿东西回来，哥哥喂弟弟吃了一个烧卖。有的时候真的挺佩服哥哥，我搞不定弟弟，他可以搞定。

男孩子的游戏，老母亲有时候真是参与不进去。万圣节过后，我家每天都出没着两只鬼。早上7点起床开始角色扮演，打打杀杀三个小时，还在继续。其间两只鬼躺在被窝里，哥哥让弟弟装成不会说话的小宝宝，然后哄他睡觉，任他撒娇，画面堪比"撒狗粮"。听着外面打打杀杀、"情话绵绵"，为娘可以在浴缸里多躺一会儿了。

随着年龄增长，他俩可以一起来对付为娘，我家的积分制度就经常被两个包子联合起来钻空子，一个人的积分不够，俩人就"合谋"把积分放在一起，就够买一个乐高玩具了。

现在他们出门必须手拉手；买东西一定会给对方留一份；睡觉时主动对彼此说"我爱你，晚安"；吵架了也会自动平息，彼此道歉说"对不起"。

不论他们是一起玩还是吵架，都是一种"做伴"，这就是一种岁月静好吧。

在家里,我们叫迷你包"撒娇小王子",因为他太会卖萌撒娇了。很多朋友说我们是不是太宠小的了,完全不是,在我们家,因为哥哥是高度敏感宝宝,反而得到更多关注。我一直觉得弟弟的撒娇功力都是哥哥宠出来的,喂饭、喂水,肚子疼时心疼地抱来抱去……老母亲都羡慕嫉妒恨,想说:世界欠我一个哥哥!

弟弟是哥哥永远的死忠粉。有一天带他俩去玩具反斗城玩,路上我们几个大人讨论很多牛娃被好学校给"抢走"了。到了反斗城玩游戏,哥哥手气特别好,连续两次打出好多奖券(碰上一次很难的),我都惊呆了,跟弟弟说:"哥哥太厉害了吧!"

弟弟马上担心地说:"妈妈,你别这样说,他们会把哥哥抢走的……"

原来小人儿一直担心有人来"抢"他这么好的哥哥呢,真是让人又想笑又感动。

闺密跟姐姐差10岁,小时候觉得姐姐很唠叨很严厉,像第二个妈妈,什么都管她;越长大,越觉得有个姐姐真是幸福,老公、朋友不能理解的事,不能和父母说的事,可以跟姐姐畅所欲言,每一句话她都懂。

我想,这就是手足存在的意义吧!

我和包子爸加班出差的时候,心里对孩子肯定怀有愧疚,但一想到他们身边有一个形影不离的手足相伴,焦虑的情绪就会缓解不少。他们是最懂彼此的,能陪伴彼此一辈子,越长大越是。

出差回来,两个包子在我身上爬来爬去,吵个不停,都要躺在我身上,享受这让人幸福的争吵。两人一直在问我爱哥哥还是爱弟弟,还只能选一个!妈妈get(领悟)到了,你们都好想好想好

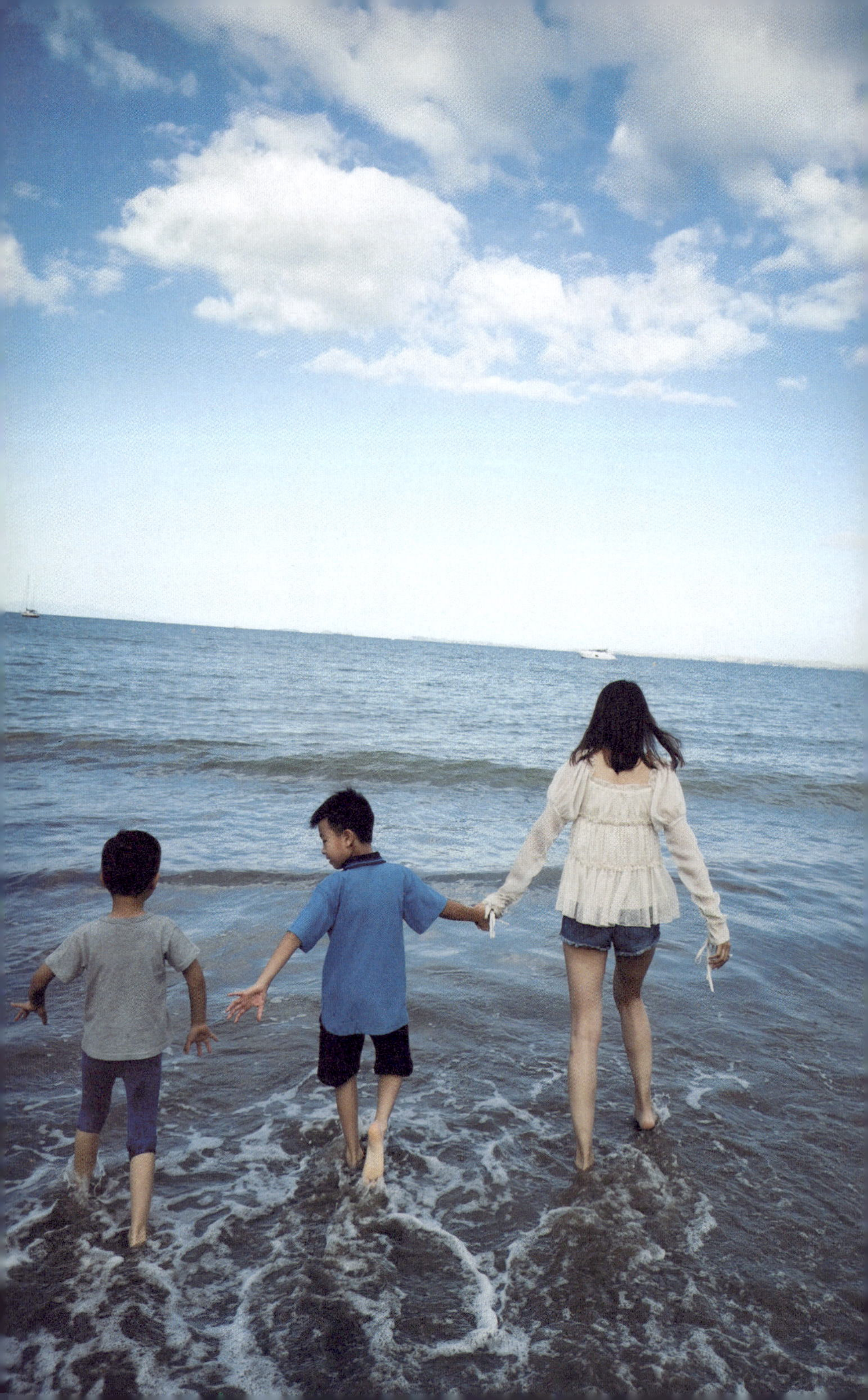

想我!

继续长大吧,我的小王子们,想象着有一天你俩高高的个子、帅帅的样子,谈吐优雅,伴我左右,我就是世界上最幸福的老母亲。

包妈碎碎念
FRAGMENTARY
THOUGHTS

> 家有俩宝,有什么育儿诀窍吗?
>
> 非要说有的话,大概只有一条:再争、再抢、再打、再闹,也让两个孩子从小天天待在一起,生活在同一个环境里,接受完全相同的教养,获得父母公平的爱和关注。

当你决定要二宝了

经常去各地出差,密集的工作加上时差,我常累得透不过气,但每每收到家里人发来的俩孩子"腻歪"有爱的照片,我心里那个甜啊,疲劳顿时烟消云散了。

也常在朋友圈晒两个包子,总有不少妈妈来问:

"包妈,你是如何让两兄弟相处得这么好的?"

"小小包当初是如何欣然接受弟弟的到来的?"

"为什么我家孩子总说妈妈是他一个人的,不要弟弟和妹妹?"

说实话,俩孩子在一起肯定会打闹,尤其是男孩,但哥哥和弟弟的感情真的很不错。我觉得,任何一个家庭,对老二的出生都要做好准备工作,给老大一个心理建设的过程。

如何做?这里就和大家分享下我的方法,希望对大家有一点帮助。

当你决定要二宝了

在二孩政策出来之前,我就和包爸形成统一战线:此生必须至少有两个孩子。所以,在小小包出生一年后,我就开始给他灌输接纳弟弟妹妹的思想:

你即将有一个特别好的玩伴，可以和你一起玩一起乐；他会视你为崇拜对象，天天跟在你屁股后面；当爸爸妈妈有一天老得没法陪你的时候，他会代替我们陪在你身边；等等。

我也建议大家，如果决定要二宝了，在怀孕之前，就应该开始给大宝做此类心理建设了。如果大宝不反感，甚至很欢迎新成员，那么妈妈在怀孕之后就可以将这个好消息告诉给大宝。我有个闺密，大宝上幼儿园大班，特别渴望妈妈能生个妹妹，得知妈妈有了二宝并且确认是妹妹后，在幼儿园逢人就说自己要当姐姐了，一脸自豪，特别可爱。

有些妈妈说，事先没来得及征求大宝的意见就怀孕了。对于这个意外的惊喜，我建议先不说，可以做些准备，选择合适的时机告诉大宝。当然，不管孩子在这期间有怎样的态度，我觉得爸爸妈妈要做的就是给老大足够的安全感。

一起来胎教

我相信很多妈妈在怀头胎的时候都会做胎教，怀哥哥那会儿我老认真了，唱歌念故事讲话，随时随地和肚子里的哥哥沟通。怀上弟弟的时候，我也继续这么做，只不过拉上哥哥一起。

让哥哥和肚子里的弟弟说早安道晚安，胎动或者打嗝的时候，鼓励哥哥亲手摸摸我的肚子，告诉他，那个时候他也是在妈妈肚子里这么调皮捣蛋的呢！平时哥哥唱歌的时候，我会告诉他，肚子里的宝宝也在认真听哦！唱完，我会鼓掌说，弟弟好喜欢你的表演，在妈妈肚子里开心地扭屁股呢！

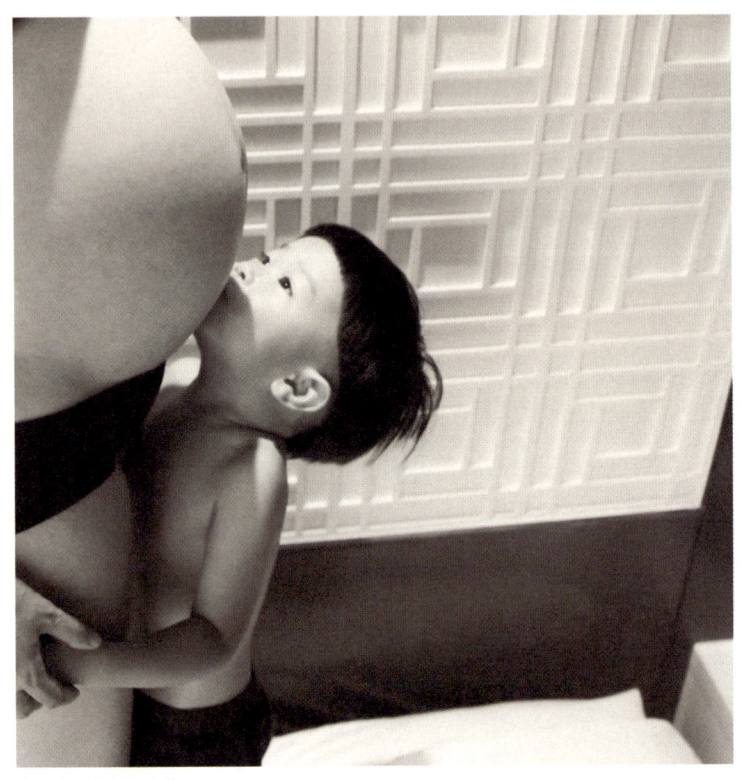

好的养育
GOOD PARENTING

每天都要亲亲弟弟

  总之，妈妈要经常和大宝谈论肚子里的小宝贝，多为老大创造和老二互动的机会。弟弟在我肚子里很长一段时间都是臀位，小小包经常摸着我的肚子说："弟弟，转吧。"现在看着身边打闹争宠的两个包子，回想起这一幕，我常常幸福得掉眼泪。经过了10个月，哥哥已经从思想上接受家里有新成员加入的事实。所以，弟弟出生后，我让他当小帮手，他很乐意，帮我拿纸尿裤、湿纸巾、奶瓶。拿来后，我会以老二的名义向他致谢。参与感能让他更快适应哥哥的角色。我有个朋友也有俩娃,二宝的名字就是大宝给取的,这也让大宝很有成就感。

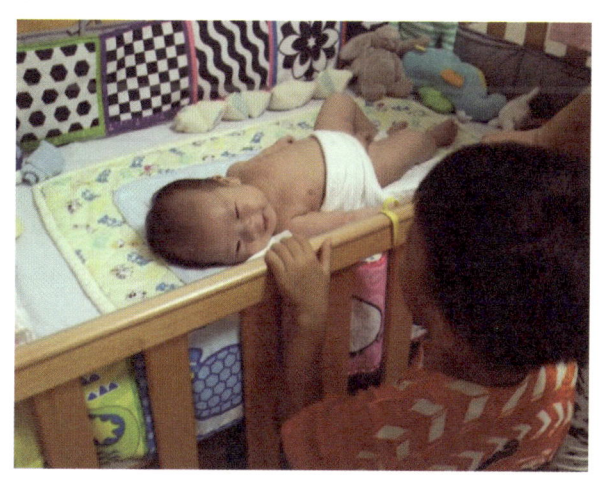

弟弟刚满月,笑都是无意识的,但是在哥哥面前笑的次数特别多

送礼物

根据我的经验,送礼物是最快"收买"孩子的方法。当然,礼物并不是给得越多越好,而要恰到好处。

在得知有了二宝的第二天,我和包爸一起选了一套托马斯小火车玩具送给了小小包,一来这是他梦寐以求的,二来是祝贺他"荣升"

哥哥。我们告诉他：你即将要当哥哥了，这份礼物是妈妈肚子里的小宝宝特意拜托爸爸妈妈送给你的哦！我深深记得小小包当时咧着嘴大笑，一脸崇拜地说："哇，小宝宝好厉害，他怎么知道我最喜欢这个呀！"这样，小小包对二宝的好感又增加了几分。

不过，这种善意的谎言适合年龄差距较小的俩娃，如果老大和老二年龄差距比较大，我建议妈妈带着大宝去商场选购二宝的出生用品。只要是大宝选的，妈妈可以适当留下几样，夸夸他的眼光："这个好漂亮，弟弟／妹妹肯定会喜欢的！"这样可以让大宝这个小大人有一种荣耀感，在心理上更好地适应老二的到来。同时也可以让大宝选一两样自己特别喜欢的东西。

弟弟出生后，当然也有给哥哥的"见面礼"。从医院回家，哥俩第一次见面，包子哥哥很喜欢弟弟"送"的变形金刚，对弟弟的亲切感自然又多了几分。

说到礼物，也给大家提个醒。生完迷你包时，几个朋友来家里看望我，特别用心地准备了双份礼物，一份给弟弟，另一份自然给哥哥。怕来探访的亲朋好友过多地关注弟弟而让哥哥产生失落感，我和包爸私下里也给哥哥准备了几份小礼物。

所以，偷偷告诉妈妈们，如果家里有人来看二宝，且只带了给二宝的礼物，你可以自己拿一件小东西，私下请客人"送"给大宝，让大宝觉得自己没有被大家忘记。这招很管用哦！

怀孕和生产后的头一年，大宝的情感需求始终排第一

怀孕之后，妈妈的身体会日渐笨重，尤其是孕早期和孕后期，给大宝的抱抱会减少很多。但是，我还是建议妈妈们，只要身体允许，

就多抱抱孩子。因为孩子不明白妈妈为什么不像以前那样抱他了——妈妈是不是不爱我了？如果你告诉他，妈妈肚子里有宝宝了，不能抱你了，他一定会很伤心。身体不便，咱不能直接抱起孩子，可以坐着拥抱老大，让孩子拥有安全感。

我好像没有因为身体不便而减少对哥哥的拥抱，抱抱亲亲一如往常，旅行也继续，挺着大肚子带他在长隆追跑打闹，矫健的步伐把包爸都惊到了。小小包得到满满的爱，也越来越喜欢妈妈身上这个"大肉垫"，喜欢骑在弟弟头上的感觉。

就算孕期给大宝的心理建设做得再好,大宝看到妈妈给弟弟喂奶、抱弟弟,还是会出现"争宠吃醋"的行为。二宝在月子里的时候,小小包就经常求抱抱,还会大喊,不让弟弟睡觉……我强烈感受到两个宝宝相处不易,也打心眼里理解哥哥,妈妈从自己的专属玩伴变成了弟弟的"座椅"和"奶瓶"。产生这些小情绪是大宝特别正常的反应,我们要从心底接纳孩子。

很多长辈见到这种情况,会开玩笑逗孩子:"你妈只要小弟弟,不要你了!"这时候,妈妈一定要坚定地告诉孩子:"妈妈永远不会不要你,妈妈永远爱你。"这样的甜言蜜语永远不嫌多。

老二出生后,全家人投注到老大身上的目光会少很多。其实,老大才是更需要关注的人。当两个孩子同时哭的时候,我几乎都会先抱老大亲老大,因为此时大宝有更多的情感需要,而二宝在出生的头一年里大多只有生理需要。

所以,在二宝出生后尤其是第一年的时间里,我温馨提醒妈妈们,对大宝的单独陪伴时间不能因为二宝的到来而减少甚至取消。我自己的做法就是,只要喂好奶,我会让爸爸、阿姨或者家里的老人帮忙照看二宝一会儿,自己抽出时间陪老大,尤其是每晚的睡前亲子时间,我会抽出15~30分钟和大宝独处,陪他读绘本、搭积木、做手工,或者单纯聊天。反正一定要让他实实在在地感受到妈妈并没有因为有了弟弟而冷落他,依旧很爱很爱他。

在我们的关爱下,二宝出生一个多月后,小小包就已经能很好地接纳弟弟了,有时候过来看看弟弟,摸摸他。我们说起去旅游,没想到小小包首先说的是带弟弟,然后才是爸爸妈妈。

哥俩第一次一起出门,小小包就很有哥哥的样子了。一个阿姨过来摸了弟弟,包子哥觉得有危险,赶紧过来喊妈妈去看弟弟;主

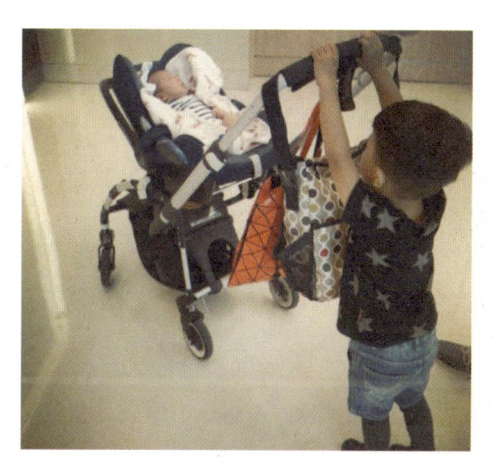

哥哥第一次推弟弟出门

动帮忙推弟弟,吃饭的时候还要喂弟弟。包子哥哥在这么短的时间内就完全接受了弟弟,是因为爸爸妈妈对他的爱有增无减,他不会觉得受到冷落,自然就会爱弟弟。

后来,哥哥迅速变成了"宠弟狂魔",让人羡慕嫉妒迷你包。

哥俩"撒"起"狗粮"来让人羡慕嫉妒

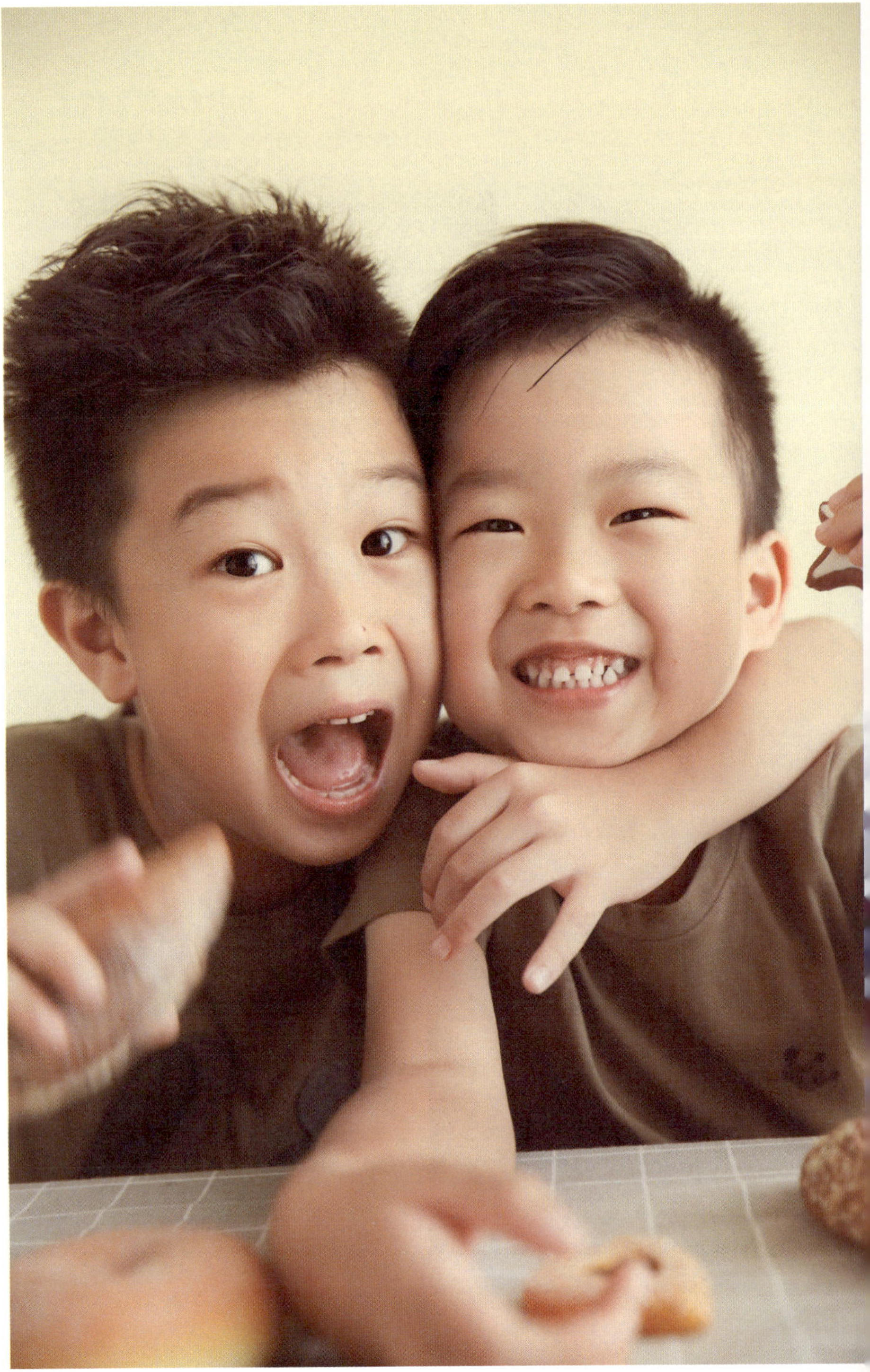

我记得有一次去探望生完二宝的朋友，对方的姥姥一个劲地和我说弟弟有多乖有多好带，姐姐小时候太折磨人了，七岁的姐姐一直在旁边低着头不说话。

我知道孩子其实都听得懂，所以，在我生完二宝，亲戚朋友上门来对着弟弟一阵夸的时候，我都会强调：像哥哥，哥哥小时候也这么听话，是吧？这时候哥哥就会应和：对！逗得大伙哄堂大笑。

很多家庭都会把俩宝拿来做对比，虽然有时候是以这种方式来激大宝，比如和大宝说"你看弟弟都吃好了，你怎么这么慢""弟弟都睡觉了，你还不睡"等等，但说多了，会让大宝觉得自己不如二宝，更会对二宝产生敌意。

每个孩子都不同，我家俩包子的性格就完全不同。

了解我的姐妹们都知道，我家哥哥是个高度敏感的娃，这些年我和包爸被他虐得着实不轻。

当弟弟迷你包来到我身边时，这个乐天、心大、永远心情好、精神好、胃口好的娃一下子把我从挫败中拯救出来。

随便养一养，就让我觉得自己怎么这么棒！老母亲以为自己的打怪升级技能有了很大长进。

弟弟怎么这么好带！很快就能连睡五个小时整觉，对妈妈的奶水吸收得棒棒的，体检时身高、体重总是达到上限。

吃饭自有一股"力拔山兮气盖世"的气魄，这阵仗在哥哥小时候我们是没见过。特别开心地记录了很多弟弟大吃大喝，小肚溜圆的画面。因为毫不费力，心情舒畅，弟弟刚满月，我就在畅想再来一个了！

弟弟怎么这么暖！眼睛永远笑眯眯，嘴巴永远甜蜜蜜：姥姥你做的饭怎么这么好吃！爸爸你开车开得真好呀！妈妈我怎么这么爱你！

老母亲请求视频聊天，无论玩得多投入，永远给予热情的回应：

"妈妈，我想你了！"

"你在哪儿呢？"

"啊，给你看看我的玩具……"

总之，有他在就不会冷场。

（不要问我哥哥在哪儿。）

幼儿园第一次音乐会演出，弟弟就站上了C位，又是扭又是卖萌，声音洪亮，hold住全场。要知道，哥哥从来都是合影里找不到人的。

在陌生的新西兰游学，弟弟第一天就"入乡随俗"地爬上了树，第二天就交到了外国好朋友，走到哪里都是"团宠"宝宝。

我写下这些，并不是有意去比较，只是感叹每个孩子如此不同，即使是亲兄弟姐妹，也那么不一样。

千万不要去比较孩子，因为随时可能会被打脸。

这不，随着弟弟在幼儿园的学习任务越来越重，哥哥的优势又突显出来了。

哥哥的英语口语被老师一直称赞到毕业，弟弟呢，伶牙俐齿的小可爱，不知是不是母语中文太强了，被老师委婉地提醒过好几次要多练习英语，还说哥哥当年学得如何如何。

那段时间，哥哥每天除了完成自己的作业，又多了一项任务——督导弟弟做英语作业。他一板一眼，严肃认真，我都被圈粉了。

这样一看，哥哥的优势又显现出来了。哥哥虽然不像弟弟那样性格讨喜，但他专注、认真的样子谁能不爱呢？

做作业从来没让我操过心，要速度有速度，要质量有质量，遇到不会的题目，自己打电话向我们求助，一定要当天解决，从一年级开始就是这样。

我们每天忙成狗，他却长成了这样自律性强的孩子，虽然我嘴上说"做作业是你自己的事"，但心里还是非常为他骄傲的。

哥哥做事不仅认真，还特别麻利。弟弟可能是因为老人带得多，穿衣服、吃饭、出门、做手工，干啥都是慢悠悠的。连一向偏爱弟弟的阿姨都忍不住摇头："我们二宝啥都好，就是太慢了。"

从两个孩子的养育过程中，我真切地看到每个孩子都是独一无二的，即使是亲兄弟，也如此不同，一个麻利，一个细致；一个热情如火，一个外冷内热。这样的认识让我更能客观地对待孩子的特质。

他们的所谓的"缺点"，也成就了自己的"优势"。就像弟弟的外教所说的：弟弟不是慢，是细腻，所以他才那么暖，总能对别人的情绪感同身受，跟他在一起感觉很舒服；哥哥也不是怕输，只是对自己有要求，所以每件事都那么认真去完成。

我们爱的就是他们本来的样子，没有什么值得比较的，也从不说"你怎么不学学你哥哥（弟弟）"这样的话，他们就是独立的生命。每个人生而不同，各有各的天赋，我们多欣赏他们的优点，给予肯定和赞美就好了。

包妈碎碎念
FRAGMENTARY
THOUGHTS

> 二宝到来，大宝表现出焦虑不安甚至抵触的小情绪，其实是正常的。心理学家说，只要你的孩子未满12岁，他们对父母关注的需要就是同等迫切的。所以，不要觉得老大就应该懂事。每个孩子都是特别的，永远需要被父母爱。只有你对他们足够爱，他们才会更爱自己的手足。因为他们会明白，这是你给他们彼此的最好礼物。

GOOD

PARENTING

好　的　养　育

CHAPTER 5.
第五章

原生家庭的滋养
让孩子受用一生

陪孩子一辈子，被记住的只有几个时刻

这一周又收到了新的鲜花。

我很喜欢花，每周会买不同品种的鲜花插在办公室和家里。其实鲜花并没有那么贵，包月买的话，平摊下来每周只要几十元，但带给我的除了悦目，还有身心愉悦。好几次在办公室，一堆工作压迫着神经，抬头看到这一抹缤纷的色彩，心情便莫名其妙地好了很多。

无论在办公室还是家里，我都爱摆满鲜花

买花在很多人眼里是一种浪费钱甚至矫情的行为，对我而言却给我一种生活的仪式感。

生活除了苟且，还需要诗与远方

什么是仪式感呢？

《小王子》中是这样解释的：仪式感能使某一天与其他日子不同，使某一时刻与其他时刻不同。

我理解的有仪式感，不是做给别人看，不一定要花很多钱，不一定要大费周章去什么地方，张罗多么花哨的事情。

可以小到送一张卡片，买一束花，给一个拥抱……但一定是让人感到自己是被爱、被关注的，这一天是不一样的。

婚姻需要仪式感，它就像一场甘霖，能让婚姻变得鲜活。

刘嘉玲和梁朝伟结婚多年，梁朝伟依然会在情人节为妻子送上鲜花，两个人还像小情侣一样，梁朝伟犯错，会给刘嘉玲写道歉卡片。

不是只有热恋时的你侬我侬、新婚时的小别缠绵、纪念日时的盛装约会才叫有仪式感。

每晚睡前来一个 goodnight kiss（晚安吻），每天出门上班前来一个拥抱，每年生日送一个凌晨祝福，都是有仪式感。正是这些不起眼的小细节，维系着彼此的感情。

还记得《北京遇上西雅图》中那句让无数人感动的台词吗？——他也许不会带我去坐游艇吃法餐，但是他可以每天早晨都为我跑几条街去买我最爱吃的豆浆油条。创造仪式感无关金钱地位，这是一种来自内心深处的爱。

生活也需要仪式感。

早晨起床,在孩子们的"妈妈亲亲"中被口水"淹没",用一杯香浓的热美式咖啡叫醒味蕾,出门前化个精致的妆,头发清爽干净,衣服得体优雅,开启元气满满的一天。

养育孩子也需要仪式感。

受爸爸妈妈的影响,我非常重视孩子的生日。哥哥在冬天出生,每年过生日,我们都会带他去一个温暖的地方度假,精心准备生日party(派对)。

亲自上阵拍生日照,我的技术是不是还不错

哥哥满三岁的时候,我给他写了人生的第一封信,把妈妈美好的祝愿记录下来。

我还每年用同一个 pose（姿势）拍照——同时抱起我的两个包子,打卡记录孩子们的成长。他俩长得太快,为娘可能很快就抱不动了,但这些瞬间永远被记录下来,每次看到都让我幸福感爆棚。

创造仪式感也是我在忙碌的日子里续命的秘诀。

出差忙里偷闲犒劳自己,完成一个个小小心愿。

在加完班的深夜,和小伙伴们一起来份辣鸭血,吃到额头冒汗,大呼过瘾。

创造仪式感并没有那么麻烦和难以实现,却有神奇的力量。

村上春树说,没有小确幸的人生,不过是干巴巴的沙漠而已。是的,在忙成狗的时候,这些小小的仪式感让我们内心充满温暖,更有力量去迎接每一个明天。

好的养育

GOOD PARENTING

打造峰值体验

苏联诗人帕斯捷尔纳克曾说,人不是活一辈子,不是活几年几月几天,而是活那么几个瞬间。

这几个瞬间创造的峰值体验,能让人记一辈子,它对孩子的成长来说至关重要。

- 说"我爱你",多少次也不嫌多

我家的两个包子今年有一个特别大的变化,就是更愿意表达爱了,每天不停地说:"妈妈,我好爱你呀,我怎么这么爱你呀!""妈妈,我最爱你了。"走在商场里,他们会突然搂住我,求亲亲求抱抱。我觉得太幸福了。

这个变化是因我而起的。因为出差太频繁了,和孩子们在一起的时候,我会不停地亲他们抱他们,说"妈妈好爱你"。慢慢地,他们也会这样回馈我。

其实我以前也不习惯这样,顶多撒娇的时候说"妈妈好爱你"。后来经常去国外出差,我发现外国人太会表达了。去洛杉矶参加美国西部天然产品展,在星巴克咖啡厅看到一个爸爸跟女儿视频连线,不停地说"Baby, I love you, I love you"(宝贝,我爱你,我爱你)。带着两个包子在新西兰游学的时候,每天看老外送孩子上学,都会在学校门口拥抱孩子,说"I love you"(我爱你),孩子也会对妈妈说"I love you, Mom"(我爱你,妈妈)。

一开始我觉得从含蓄的东方人的角度来看,这样会不会有点夸张?但是在新西兰待了20多天,每天都看到他们这样互动,我真的挺受触动,于是也试着把这件事做了起来。

很多人都知道要多对孩子表达爱,我想重要的是我们能否在固

出发去机场,两个包子跟我亲密地"吻别"

定的时间和情境里做这件事,这才是有仪式感的表达。

去新西兰首富家做客,大家吃完晚餐,爸爸才出现,他说刚刚去跟几个孩子道晚安了。给孩子们讲睡前故事,说"我爱你",对他来说是特别重要的事。

现在这也成了我家特别重要的事。

每天早晨孩子们和我"腻歪"的时候,我都会说"妈妈爱你"。这样的日常互动让我尝到了甜头,我和我家的两个小暖男都已经非常习惯表达爱了。我们之间的爱越来越深厚了。

● 给孩子创造一些高光时刻

有一次在新西兰出差,我们应邀到一个当地家庭做客,家里的男主人工作很忙,是我们眼中标准的成功人士。在很多人来看,忙于事业的男人大多不太顾家,但是这个新西兰爸爸对家人关注之多让我佩服。

那天,我们围坐在一起聊工作时,他的小女儿突然出现,他马上从聊天中抽离出来,为大家隆重介绍刚刚获得马术奖项的小女儿。

这个奖也许并不太出名,也不算特别重要,但爸爸说起这件事的时候,他那种由衷为女儿感到骄傲的语气和神情,我到现在都记忆深刻,我们每个人也都从孩子的眼神中感受到她是受到鼓舞的。

● **尽量不缺席孩子的重要时刻**

有好多次,我都是直接从机场飞奔去学校,参加孩子们的毕业典礼、圣诞音乐会、运动会。虽然顶着时差很难受,但我很开心见证了这些他们人生中的重要时刻。我很投入地参与到活动中,他们骄傲地跟同学说:"嘿!我妈妈可棒了!"

小小包麻麻
2018-12-22 15:19 来自 iPhone 8 Plus

亲妈现身😄上下午赶场娃的圣诞活动🎄小小包的音乐会完了紧接着是足球圣诞趴,戴着领结穿着西裤踢得也不亦乐乎,主要亲妈也上场了,飞奔了一会儿还进了两个球,儿子和别的同学骄傲地说"我妈可厉害了"😄殊不知娘的腰要断了,气也喘得跟不上了😅哈哈哈,生命在于折腾,趁着你已长大,我还未老,一起摇摆😁 收起全文 ∧

我感觉现在幼儿园和学校对仪式感也越来越重视,搞一些集体活动时,会提出着装要求。

其实,穿衣很多时候也是追求一种仪式感。

去戛纳参加电影节,走红毯对着装有严格的要求:女士要穿礼服;男士要穿黑色礼服,打领结。而且不仅是明星,所有入场看电影的嘉宾、摄影师、记者、保安都要这么穿。

在街上,你能看到很多穿着礼服的男人和女人,特别精致优雅,手挽着手往电影宫走。穿着盛装去看一场电影,是对电影表达敬意,同时也让自己感到特别神圣。

所以,幼儿园和学校升学典礼、毕业典礼,建议给孩子穿上礼服,买一束鲜花。这种峰值体验会留在记忆深处。

老母亲给迷你包设计的人偶同款百日照穿搭

哥哥穿正装参加毕业典礼

时间允许的话，我还会给孩子安排升学旅行或毕业旅行——世界那么大，我们一起去看看。

每每翻看这些照片，孩子们都能对旅行中的点滴趣事如数家珍。当我们再度出发的时候，他们会和我一起做攻略，整理行李，一次比一次期待旅行。我想，这就是仪式感带给他们的幸福和美好吧。

你看，仪式感并不空洞，它体现出一种发自内心的爱。仪式感让孩子们感受到爸爸妈妈对他们的爱，慢慢懂得接受爱与给予爱。他们知道自己被重视，内心便会有足够的安全感。一个从小被爱包围的孩子才知道如何爱自己，从而更有动力去爱他人。

很多时候，生活是平淡无奇而又匆匆忙忙的，而仪式感对生活的意义就在于让我们用庄重认真的态度去对待生活里看似无趣的事情。不管别人如何，一本正经地把事情做好，才能真正发现生活的乐趣。多创造一点仪式感，让某些时刻变得美好而难忘，对自己、对孩子、对家庭都很重要。

包妈碎碎念

FRAGMENTARY THOUGHTS

很喜欢王小波的一句话：一个人只拥有此生此世是不够的，他还应该拥有诗意的世界。生活就摆在那里，你想把它过成啥样，完全取决于你对它的态度。

做不到古人"焚香沐浴，抚琴赏菊"那样的淡然，那就愿我们和我们的孩子在这纷纷扰扰却又平淡无奇的日子中多一些生活的小确幸吧。不为别的，只为更好地感知生命，热爱生活。

父母是孩子最大的运气

从普通的北京大妞成为拥有千万粉丝的母婴博主,很多朋友希望我能聊聊原生家庭对自己的影响。

大家说:你那么会买,家里条件一定不错;你的安全感很足,一定是被很多爱滋养长大的孩子。

其实我家就是普通的工薪阶层家庭,我的爸爸妈妈没有很多钱,也不会讲多少大道理,但他们确实在力所能及的范围内给了我很多爱。他们很少纠正我否定我,在我高考发挥失常时,都没有责怪过我一句话。

他们让我看到父母对孩子的爱和认可会产生多么巨大的能量。他们的养育让我感受到:

比一次考试成绩更重要的是保持好奇心和终身学习的能力;

比一时成功更重要的是不惧怕任何挑战和从头再来的勇气与魄力。

不为别人的目光而活,做自己喜欢且擅长的事,对世界充满善意,无论过着怎样的生活,都会是一个幸福充实的人。

在国外出差,品牌方请的化妆师是移民过去的北京人,我一开口,他就惊喜地说:"京片子?!哪区的?"

是的,红墙绿瓦的皇城根,独具特色的豆汁、焦圈、炒肝、卤煮,热心肠的大爷大妈……这充满烟火气的老北京胡同是我出生长大的地方。

我的爸爸妈妈都是普通职工,一个在消防队上班,一个在医院工作,他们都很忙,只能把我送进全托幼儿园,一周回家一次。

我现在还能记起流着泪想爸爸妈妈的难受劲。一天,我一抬头,正对视上站在窗外的爸爸的眼睛,他偷偷跑来看我了。我激动得飞奔到门口,门却被插得紧紧的。当时那个伤心劲,到现在都忘不了。爸爸有一点空闲,就会跑来看我,小小的我也理解了爸爸妈妈对我的爱。

后来我幼儿园毕业,爸爸也转到家具厂工会工作,我们一家三口终于团聚了!

好喜欢一睁眼就能见到爸爸妈妈的生活,我们仨在一起做什么都觉得好幸福。因为跟爸妈太亲了,我备孕的时候,一直想要个女儿,憧憬着如果有个女儿,她和我也会这么亲。

我以为每个家庭都是这样的。有一次,好朋友告诉我,她为爸爸妈妈经常吵架而苦恼,问我爸爸妈妈会因为什么事吵架,我这才意识到没见过我爸妈吵架。

他俩不吵架这事,我觉得主要归功于我爸。

我妈是有点爱唠叨的,什么土豆丝切得粗了细了,菜买得对不对了,要不要去哪里玩了……这些鸡毛蒜皮的小事她念叨个没完,以至于现在两个包子都看不过去了，抗议道："姥姥你就别管姥爷了！"

我爸这个"当事人"却不当回事，笑呵呵地挥挥手说："咱们家姥姥说了算。"

他这口头禅念叨了几十年，我妈听完一乐，刚刚唠叨的事已经不重要了。

以我爸做工会主席的工作经验来说，讲道理，我妈绝不是我爸的对手。但我爸从来不在媳妇面前讲大道理，他深知女人生气时，根本就听不进道理。这一点真的值得直男老公们学学。

我妈生气，我爸的秘诀是认真听我妈发牢骚，顺着说："太让人生气了，要不我替你去出出气？"这时我妈会反过来劝我爸："我就这么一说，不值得！"这事就算过去了。

我爸的人生经验是：千万别在媳妇气头上说"这也值得生气？你应该这么做……"，那是火上浇油。他说：你妈唠叨几句，不就求个理解宽慰嘛，顺着说，一会儿她气消了，冷静下来，再跟她掰开揉碎分析，她就能听进去了。

真是太机智了，这不就是《幸福的婚姻》一书中提到的"减压谈话"的现实版嘛！

你说的我都同意，你生气我也生气。家是讲爱的地方，不是讲理的地方。

靠着这个相处之道，爸爸妈妈一辈子像无话不谈的老朋友，现在出门都手牵手，比心走天下。

一个人与另一半相处，往往会模仿自己的父母，采取像父母之间那样的相处模式。

每次读《我们仨》，都被钱锺书和杨绛幸福温馨的日常生活感染。其实杨绛父母的感情同样让人羡慕："我父母好像老朋友，我们子女从小到大,没听到他们吵过一次架。……两人一生中长河一般的对话,听来好像阅读拉布吕耶尔《人性与世态》。"

钱锺书和杨绛的女儿钱瑗也有同感,她曾说,父母恩爱的孩子很幸运,因为他见过好的感情是什么样的,从而拥有了对健康的爱的敏锐嗅觉,知道怎么往正确的方向跑。

所以,武志红说,父母是孩子最大的命运。

我的爸爸妈妈为我示范了幸福婚姻的样子就是爸爸爱妈妈;幸福家庭的样子不是有多少钱,有多大的房子,而是温暖有爱,包容理解,欢声笑语不断。

包爸跟我谈恋爱的时候,特别喜欢来我家玩,用他的话说——"舒服!"要知道,当时包爸家住的是100多平方米的大三居,我家是50多平方米的小两居。但他就是喜欢四个人窝在一个小房间里吃瓜子、聊天、看电视,他说感觉特别好。他这句话我记了很多年,以至于当我们有能力的时候,我们首先想到的是买车,而不是换套大房子。

我和包爸结婚后,朋友们都说,无法想象性格完全相反的两个人怎么一起过日子。十几年一晃而过,从同学、恋人到创业夫妻的"高危组合",我俩越来越谁也离不开谁。

每次出差,无论国内是凌晨几点,都会在落地时收到包爸的信息——"路上顺利吗?"有时候活动结束国内已经是深夜,等不到我报平安,他就会一直等下去。

我们和朋友几家人一起去旅行,到了休息时间,包爸带着娃回房间哄娃睡觉,留下我和朋友继续"嗨"到深夜。

朋友担心地问:"包爸不会生气吗?"

"当然不会!"

我知道他喜欢安静，他懂我享受友情。我们认为就算是夫妻，也不该是谁为谁牺牲，而是让对方做自己。

一段好的关系里，两个人一定都会成为更好的自己。他考上中欧国际工商学院，我也不甘落后，深夜啃数学，考上了中欧的EMBA，我们又成同学了。保持在一个高度、一个频段上沟通，才能让婚姻保鲜。

包妈碎碎念
FRAGMENTARY THOUGHTS

> 如果你没时间学那么多育儿知识，那就跟老公好好相处，做一对温暖有爱、共同成长的夫妻。创造其乐融融的家庭氛围，等于给孩子的人生涂上了爱的底色。在爱中长大的孩子，更懂得爱与尊重，更确定自己值得被爱，眼里的世界充满温柔和善意，他的人生一定不会差。

有怎样的童年，就会成为怎样的父母

很多人说，包妈你这么会买，家里条件一定不错。其实并不是，我和包爸都是北京普通家庭的孩子。记得那时候装个电话要5000多块钱，我家装完电话，就把所有积蓄花光了。

我小时候，物质还很匮乏，但在花一些"没用的钱"上，爸妈对我却从来不吝啬。每年过生日，爸妈都带我去大北照相馆拍张生日照，再去专门的儿童餐厅吃顿生日餐。

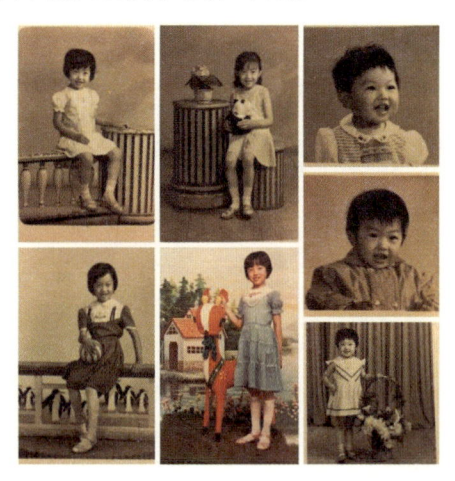

我特别感谢爸妈，在物质并不丰富的年代，愿意花钱给我创造这份仪式感，并一直坚持到我18岁。这么多年过去了，这些具有仪式感

的小细节一直深深刻在我脑子里,让我觉得自己一直被爱滋养着,包围着。

那时流行打毛衣,我妈妈不满足于会普通针法和简单的颜色拼接,她买来编织书,买来最好的毛线,学复杂图案的织法。很多个晚上,她在灯下对着书织了拆,拆了织,花了不少心思为我织了一件胸前有小马图案的毛衣(我属马),这件毛衣让我在同学面前嘚瑟了好几个月。

在我13岁的时候,爸妈带着我去时尚之都大连旅行,那里很多时髦的衣服北京都没有卖的,我妈给我买了一套短袖短裤和一双小红布鞋,我成了我们学校最时髦的女生。我现在还记得我那时候穿这身衣服的神气样子。

最期盼的是爸爸妈妈发工资的日子,妈妈会买一些鱼片、锅巴给我吃,每个月的那一天都是甜甜的。

我从爸妈身上学到的消费观和生活态度是:

会花钱跟你有多少钱关系并不大;

会花钱是在有限的条件下,把日子过得闪闪发光;

会花钱是相信自己值得拥有更好的,并为之努力。

在那个年代,他们俩绝对是"异类"。常常听到家里的亲戚朋友"恨铁不成钢"地对爸妈说:"赚钱不容易,孩子长得快,随便买买穿穿就行了。"

我妈却说:"买东西别图便宜,钱不够可以少买,要买就买好的,自己喜欢的。自己用不着的东西,一块钱也是贵的。"

她从不因为商场促销打折而去买一件还凑合的衣服,买一件是一件,很多东西现在看都不过时。

想想他们的消费观还挺超前的。在他们的影响下,爱自己我是认真的。在创业最苦的日子里,我也不喜欢苦哈哈的,随时随地让自己有"小确幸"。

累成狗,来一杯小酒就能满血复活;工作到深夜,在打烊前跑到小吃街吃吃拍拍,捧着臭豆腐开心得像吃了顿米其林餐厅的大餐;让人疲惫的长途飞行中,一支护手霜的香味能让我一路心情都美美的;写稿子,挑灯夜战是写,泡在浴缸里听着音乐也是写。朋友们说要是把我扔到荒岛上,我也能过得有滋有味。

现在想想,像我爸妈这样的父母其实很了不起,他们也许没有做出什么惊天动地的成就,但一顿爱心早餐,一个整洁的房间,一束随季节而变的鲜花,都是对孩子的生活教育。从这样的家庭里走出的孩子一定是对生活充满热忱的人,有着无限的能量。

包妈碎碎念
FRAGMENTARY THOUGHTS

有句话说,你怎么过一天,就怎么过一生。能把普通的日子过得闪闪发光,是一种能力,一种本事。这样的人一定是热爱生活的,也能靠自己的双手改变生活。而这种能力,孩子更多的是从父母身上学来的。教育不只在书本中,更在无所不包的生活里。

有趣的灵魂比成绩更重要

我的性格很像爸爸，做一件事很执着很投入。

我爸喜欢下象棋，曾代表区里去参加比赛，到现在都是个棋迷。他热爱摄影，最近还得了小区摄影大赛二等奖。但我爸最喜欢的是文学。小时候对爸爸最深的印象就是他晚饭后雷打不动地坐在书桌前看书，很多时候我叫他他都听不到。他有个下意识的小动作，边看书边啃手，因为看得投入，手经常伤痕累累。可以想象他的阅读量多么可观。

他不仅自己看，看到有趣的地方，还会在餐桌上或者在送我上学的路上跟我分享。从他发自内心的快乐中，我体会到看书是一件让人幸福的事，很快我也成了一个小书虫。

不仅读万卷书，他还带我"走万里路"。活动范围主要是我家附近的皇城根。无数个周末，我俩穿梭于紫禁城的红墙绿瓦、景山的苍松翠柏间。在青苔古道上，历朝历代的故事从他嘴里被如数家珍地讲出。爸爸就是我的随身听故事机。

回家后，爸爸鼓励我用写日记的方式记录自己的感受，我就这样爱上了写作。

他完全没有功利心地把读书和写作的乐趣跟自己的女儿分享。他带得开心，我学得愉快，我俩都没想过这个兴趣像多年前埋下的一颗彩蛋，在我后来的生命里不断给我惊喜。

小学时，靠着写写写，我获得了东城区作文大赛的一等奖。在那个天安门还不对外开放的年代，作为给我的奖励，我登上了天安门城楼。你能想象我内心有多激动吗？

大学时，我虽然学的是计算机专业，却依然爱写，给《电脑报》《网迷》《新潮电子》等报纸杂志投了不少稿，很多都发表了。

生完娃，无处安放的码字小手伸向了"育儿经验分享"。这一写，让我找到了自己深爱的小事业。

每一步都是被兴趣引领着，自然而然走到了那里。

常说兴趣是最好的老师，其实父母的兴趣也许就是孩子的启蒙老师。也有很多家长说，我们没啥兴趣爱好，怎么熏陶孩子呀？我觉得兴趣爱好的定义是很宽泛的，不一定是要有某项才艺。我自己也没什么才艺，但我想如果父母希望孩子爱看书，那自己就要先成为每天捧着书的大人。

同理，关于选择兴趣班，我觉得没必要看到别人的孩子学钢琴、上奥数班，就得让自己的孩子也学也上。孩子如果喜欢，自然是极好的，但并不是每个孩子都适合学。其实每个孩子都有自己的天赋，只是需要父母去发现，或是接受他喜欢、擅长的东西没那么主流。

一位朋友的儿子也曾上过各种热门兴趣班，但他自己最喜欢的是烘焙。因为妈妈的支持鼓励,只要有时间,小家伙就扎进厨房,烤蛋糕做饼干,忙得不亦乐乎,手艺一点不输甜品店的师傅,已经在妈妈的帮助下通过朋友圈接单了,说不定将来就是一位米其林星级大厨呢!

我家的两个包子特别喜欢涂涂画画,每天回家我都能收到他们的新作品。很多朋友问我是怎么培养他们的,其实我就做了一件事——把娃当偶像。

他们笔下奇奇怪怪的线条和妖魔鬼怪在我眼里就是世界名画,我要把它们做成包包的图案背在身上。他们打架子鼓,我也从来没逼他们练习,而是说:"打架子鼓好帅,妈妈以后要买票去看你们的演唱会!"还在微博上给两个包子认认真真地征集乐队名。

朋友们说,在孩子们面前,我像个小粉丝。没错,用偶像滤镜看孩子,你的孩子一定会进步飞快。发自内心的欣赏和赞美对任何人来说都有无穷的魔力。

每个孩子都有自己的天赋,家长真的无须只盯着成绩。从我的人生经验看,孩子没考好的时候,父母的回应很重要。

在高考这样的人生大考中，我考砸了。在那个"一考定终身"的年代，这是一件天塌下来的大事。拿到成绩单的那一刻，我的心情糟透了。

我看得出爸爸妈妈也很难受，但是他俩一句埋怨我的话都没说。第二天平复心情后，爸爸跟我说："已经这样了，难受也没用，咱们就想办法解决呗，看看这个分数能报什么相对不错的大学和专业。人这一辈子会遇到很多事，去积极解决就会好起来。"

他们的不责备反而让我特别自责，我把自己关在房间里大哭了一场，边哭边写日记，暗暗发誓，在大学里一定要学出点真本事来。

后来，我真的凭着自己的能力拿到了中国原创音乐网的实习机会，毕业后顺利应聘到 Palm 中国总代上班，一个人撑起一个部门，把论坛做到亚洲最大，在大多数人的工资都是几千块钱的时候，我负责的项目一个月为公司赢利十多万元。这又是另一个故事了。

说这些并不是因为我觉得自己有多牛，而是想告诉大家，问题发生时，父母要和孩子一起面对问题，而不是拿问题吓唬孩子。

就算高考发挥失常，也不代表人生就此完蛋。拿出积极解决问题的态度，在孩子遭遇艰难时给予理解与支持，言传身教让孩子学会冷静应对人生的起起伏伏，才是父母最重要的功课。

包妈碎碎念
FRAGMENTARY THOUGHTS

> 人生中有很多比考试失败更大的沟沟坎坎，我和包爸创业，经历过很多次大起大落。我曾抱头痛哭，哭过之后抹抹眼泪，去想办法想出路。这种从父母身上学来的积极冷静的处事态度，让我受益终身。

亲历世界各地的家庭教育

每年有大部分时间在全世界飞,欣赏过各地的美景,品尝过全球的美食,见识过不同的风土人情……当然,我最关注的还是各国妈妈们是如何教育自己的孩子的。

每每看到不同的育儿方式,我就会思考,用这种育儿方式会教养出怎样的小孩?有没有我可以学到,并运用到自己的家庭育儿中的东西呢?总之,这些给了我很多启发和思考。

我想把这些所见所闻分享给大家,虽然国情和大环境不同,但我们可以博采各国家庭教育之长,让育儿轻松一些,快乐一些。

放手让孩子去做

2019年春节,我带娃去新西兰游学,三周的时间里,融入当地人的生活,给了我近距离感受当地家庭教育的机会。

最大的感受是孩子们很独立。

在新西兰,你经常会看到孩子们背着大大的书包,三五成群结伴走去学校,很少有家长接送。哥哥去学校,每天要步行爬一个很大的坡,我都累得气喘吁吁。放眼望去,孩子们走在坡上,小小的肩膀上背着大大的书包,书包里还有午餐,其实蛮重的。

小小包背着大大的书包，步行爬一个很大的坡去学校

开始的时候，哥哥觉得有点吃力，但我控制住自己没有去帮忙。在这里，孩子们独立完成自己的事是天经地义的，我如果去帮忙，反而会让哥哥觉得自己和别人不一样，别的孩子可能也会用异样的眼光看他。这是一个绝佳的锻炼机会，后来证明在同龄小朋友的影响下，哥哥也觉得自己的事应该自己做。

去新西兰出差，我曾偶遇在公园野餐的新西兰妈妈和小宝宝。妈妈们就让孩子坐在垫子上自己拿着果泥吃，大人们聊着天，宝宝们咿咿呀呀地聊着"婴语"，那场面特别有趣。

六个月大的宝宝就可以自己挤果泥吃，挤得全身脏兮兮，妈妈也不会去纠正。每个人都很放松、很愉快地享受午后时光。放手让娃去锻炼,孩子们的精细动作和大运动能力都发展得更早更好,非常独立。我想这也是外国妈妈可以一个人管住几个娃的关键原因。

注重运动,亲近自然

在新西兰,孩子一般是被"放养"的,家长不会约束他们不能做这不能做那,反而鼓励他们去玩去冒险。孩子们放学后基本都是进行户外运动,大自然就是游乐场,孩子们上树下海无所不能,光脚走路更是不足为奇。

被老人精细照顾,大运动能力一般的迷你包,入园第一天就上了树。这里有很多形态奇特的树,特别适合攀爬。

两个包子放学后去海边,挖沙赶海,几个小时都拉不回来。海滩干净极了,总能偶遇海星、海胆等各种海洋生物,哥哥还发誓要把一块"远古的石头"带回北京。

好 的 养 育
GOOD PARENTING

家长不是很担心孩子受伤,一方面,新西兰看骨科是免费的,孩子受伤看诊很方便;另一方面,他们认为孩子只有受伤了,经历过这种痛苦,以后才知道如何保护自己,让自己不受伤。

这里的孩子很擅长在大自然里找乐趣,弟弟和同学们把水、沙子、草叶混合在一起,在我眼里就是一桶"毒药",他们却玩得不亦乐乎。我自己小时候也喜欢这么瞎搞,对现在的小孩来说,这样的玩耍机会却是难得的了。

你在新西兰会看到一个妈妈带六个孩子去游泳,这在我们看来是不可能的事情,在这里却是稀松平常的。

在独生子女时代,通常两个祖孙三代家庭里只有一个小孩,就等于有六个大人围着一个孩子转。在这种情况下,孩子被保护得很好,但也因为太好,孩子的生活自理能力、思考能力等也受到了限制。

同事说她女儿的一个同学被爷爷奶奶、姥姥姥爷照顾得很好,什么事情都不用自己动手,问他吃什么、去哪儿玩,都说"随便",因为"你们都替我决定好了"。这样被大人保护的孩子,长大后离开家,需要跌多少跟头才能站住脚呀!

我们经常吐槽"妈宝男""啃老族",但我们是不是也要反思一下自己对孩子的教育方式呢?

爱的表达

在国外的街头、公园、餐厅,随处可见夫妻、情侣拥抱亲吻,爸爸妈妈们非常真诚地对着孩子说"Baby, I love you!""Good job!""You are awesome(你太棒了)!"。

一开始我也会觉得老外太浮夸了,但见得多了,特别是国外品牌方的朋友们对我如此表达多了，我便觉得日常生活中这种爱的表达简直太有必要了。

没有人能拒绝爱，没有人不喜欢被鼓励被认可的感觉。每次在国外出差，我都觉得自己变成了被人宠爱的小公主，更自信更有力量，也更爱自己了。

在新西兰，去一个事业非常成功的朋友家做客，我们一群人聊着工作，突然朋友的小女儿出现了，他马上走过去，骄傲地向我们介绍：这是我的小女儿，她刚刚得了奖，宝贝我为你骄傲！并带头给孩子送上热烈的掌声。

虽然这个奖我们都没听说过，也许只是一个很小的奖，但爸爸对孩子真诚的赞美一定会让孩子充满自信。

现在我每天对孩子说得最多的话就是"妈妈爱你""妈妈好爱你们"。两个包子热烈地回应我"妈妈，我好爱你""妈妈，我最爱你了"，然后爬到我身上来一通黏糊。爱的语言、爱的抱抱让我们更亲密了。别小看爱的表达，希望你也试试。

CHAPTER 5. 第五章
原生家庭的滋养让孩子受用一生

重视阅读

芬兰是一个北欧小国，人口只有500多万，但芬兰的教育体系却是世界一流的。

在 PISA 评估（国际组织举办的15岁学生能力评估测试）中，芬兰青少年在阅读与科学两项评比中多次称霸，数学能力则排名第二。于是，芬兰的教育有了"世界第一"的称号。

芬兰人是全世界最爱看书的，他们在家阅读的传统已经保持了400多年。他们也是全世界最爱从图书馆借书的，平均每人每年借17本书。根据调查，41%的芬兰中学生最常从事的"休闲活动"就是阅读。

在芬兰，如果孩子遇到什么问题，妈妈就会说，明天我们去图书馆查查资料吧。每天晚上，爸爸妈妈都要给孩子讲一本睡前故事。

带两个包子去新西兰游学时，学校每周都有图书日，经常看到孩子们在阅读。哥哥的教室进门就有书架，隔壁就是学校的图书馆，他说"我们学校图书馆的书特别好看"。下午三点放学后，他喜欢

逛书店。书店在明显位置都有针对孩子年龄推荐的书,他淘到了喜欢的书,就很开心。回到家就迫不及待地读起来,很多语气词都读得有声有色,很快就把一本厚厚的书看完了。有一天,他发烧到40度,还拿着书在读。弟弟受他的影响,也在沙发上看起书了。

你看,这就是阅读的习惯,也是阅读的魅力所在。

给生活一些仪式感

在新西兰,我遇到一位让我超级受震动的"手账达人"妈妈。她是一个法国大美妞,移民到新西兰五年了,从移民过来的第一天开始记手账,两个孩子的每个成长瞬间都被她亲手记录下来,家里一排书架上全是她的手账。

我差点看哭了,因为我也是爱写爱记录的人。在这个网络时代,我们拍很多照片,在社交软件上记录生活,但也只是记下而已,记完就忘了。她的家也许不是那么整洁,但每个角落都填满了爱。

我觉得她的生活态度非常值得我们学习。她也是一位职场妈妈,

好 的 养 育
GOOD PARENTING

家里没有老人帮忙，下班回家照顾两个娃，时间精力也很有限，她就网购一些健康新鲜的有机速食食品，寄到家加热一下就能吃。给娃买一些有机成品辅食，方便又健康。我觉得这样的心态特别好，与其抱怨带娃太累，不如积极寻找解决问题的办法。也许生活让我们累成狗，但我们照样能把生活过成诗。

爸爸带娃天经地义

第一次去瑞典，发现在书店的儿童区，几乎都是爸爸带着推车、儿童用品，领着孩子看书，非常有耐心。

我好奇地问朋友："瑞典爸爸带娃的参与度怎么这么高？"

朋友说："爸爸带娃是再平常不过的事情了，没什么可大惊小怪的。"

后来随着出国出差机会的增多，我发现很多国家都是爸爸充当带娃主力。当然，这跟人家的高福利待遇和价值观都有关系。比如，瑞典的父母可以享受长达 480 天的产假，爸爸必须休产假带孩子，而且必须休满 3 个月，才能领产假薪水。

在他们的价值观里，爸爸带孩子是很自然的，不是说带孩子在家里就没地位。新西兰的首富爸爸，自己的事业非常成功，但家庭和孩子在他心里依然是首位。我们过去做客，都快吃完晚餐了，他才出现，他说每天哄三个孩子睡觉，给他们读书和送晚安吻，对他来说是雷打不动的事。

可能是国情、环境和价值观造成了不同的育儿观念，但我觉得中国的爸爸们还是应该知道：在带孩子这件事情上，并不存在"你帮我带一会儿孩子"这种说法，因为孩子是夫妻两个人的，这可不是在帮谁的忙。所以，当老公带孩子时，也没必要特别表扬他，但是可以夸他有责任感。

日本人真的"花式虐娃"吗？

提到日本的孩子，很多人首先想到的就是冬天光着身子的幼儿园宝宝，一年四季光着腿的学生妹子。是意志力强大，还是真的不怕冷？

日本朋友说，那也得看在哪儿，在大阪、东京可以，在北海道打死也不敢呀！

我到大阪的时间是 12 月，气温在 10 度左右，跟咱南方差不多，身上厚厚的羽绒服一落地就穿不住了。

温暖的海洋性气候条件下，光腿穿一条春秋小短裙，上身穿一件羊羔绒外套，真的不冷。但我还是让包子们穿上薄羽绒服，因为"你妈觉得你冷"，哈哈！

街头的日本孩子们虽然没有穿着传说中的短袖短裤，但穿得也真不多。放学的学生三五成群地走过，没见到有人穿外套。

通过朋友介绍，我拜访了一岁半的小礼恩一家。典型的日本公寓，面积不大，但温馨整洁。在客厅落座后，发现旁边的阳台门大开着，家里的温度跟室外差不多。

小礼恩就穿一件 T 恤一条裤子，光着小脚丫满地跑。妈妈说，如果出门，再加件 T 恤就可以啦。木地板还好，他骑小车车的露天阳台是冰冷的铁皮地面，这要是被咱家里的老人看到，怕是早冲过去把娃抓来穿鞋了，但礼恩妈妈就这样开开心心地看着。

礼恩妈妈告诉我，穿得少倒不是为了锻炼意志力，也不会大冬天让孩子光着身子,而是觉得穿多了很臃肿,妨碍孩子运动。日本家长认为孩子感冒是因为感染了病毒和细菌,和穿得多还是少没有关系。所以,日本孩子不怕冷主要是因为从小习惯了。

在接下来走访的保育院,我发现光脚确实是这里的孩子的日常习惯,孩子们进了教室,第一件事就是脱袜子。老师的解释是光脚比穿袜子防滑,所以鼓励孩子们打赤脚。

至于国内媒体经常报道的耐寒训练,让孩子光着身子跑步的幼儿园现在很少见了——那是特殊时期的产物。昭和时代,人们觉得应该锻炼孩子的意志力,让他们更加坚强。但并没有科学依据证明这样做有利于孩子的成长。

日本有越来越多的年轻父母并不赞成这种教育方式,也抗拒在冬天给孩子穿那么少。如果小女孩露出上半身,等于暴露了孩子的私密部位,是可以报警的。不过也有一些热衷于这种教育理念的家长,会把孩子送到对口的兴趣班。

兴趣与成绩的选择

日本的父母跟我们很像,他们也是为了考试而学习的一代,长大后发现自己除了学习,好像什么都不会,失去了很多人生乐趣,所以他们比较重视培养孩子的兴趣。

日本文部科学省提出"主动学习"的教学与学习方式,不是单纯的教,而是注重学习的快乐性,不让孩子成为只为分数而活的人。

这一点我也深有感触,去欧洲出差,发现很多60多岁的大爷,骑马、弹钢琴、滑雪,各种技能信手拈来,人生也太丰富了。

重视培养孩子的兴趣,我觉得这是整个亚洲教育大环境的一种

改变。但成绩依然很重要,日本有三种类型的课外班:

第一种:为了考上某所名校,为了应试而学习。

第二种:让孩子坐得住,类似幼升小衔接班。

第三种:学习一些基础知识,让孩子能衔接小学的课程,主要以体验为主,让孩子找到自己的兴趣爱好。

我感受到日本的妈妈并不像我们想象的那么轻松,孩子们一放学也是被送入各种兴趣班,有人为进名校占坑,有人追求爱与自由。

当然,我并不是说国外的月亮就是圆的,不同的国情和生活环境下,照搬国外的东西也许是行不通的。但是在有可能的情况下,多学习一些好的育儿理念,反思自己的教育方式,是很有必要的。父母做出一点改变,孩子的变化可能是天翻地覆的,也是水到渠成的。

包妈碎碎念
FRAGMENTARY THOUGHTS

成为妈妈后,我常常在想:养孩子是为了什么?是为了养儿防老吗?是为了传宗接代吗?是为了延续我们未完成的梦想吗?都不是。养育的意义,对我来说是参与一个生命的成长,也是一场回归和寻找自我之旅。在这场为人父母的修行中,希望我们能放下焦虑,允许孩子做自己,而我们也遇到更好的自己。

© 中南博集天卷文化传媒有限公司。本书版权受法律保护。未经权利人许可,任何人不得以任何方式使用本书包括正文、插图、封面、版式等任何部分内容,违者将受到法律制裁。

图书在版编目(CIP)数据

好的养育 / 小小包麻麻著 . -- 长沙:湖南文艺出版社, 2020.11
 ISBN 978-7-5404-9737-8

Ⅰ.①好… Ⅱ.①小… Ⅲ.①家庭教育 Ⅳ.① G78

中国版本图书馆 CIP 数据核字(2020)第 116204 号

上架建议:亲子·家教

HAO DE YANGYU
好的养育

作　　者:	小小包麻麻
出 版 人:	曾赛丰
责任编辑:	丁丽丹
监　　制:	于向勇
策划编辑:	王　琳　刘洁丽
文案编辑:	郑　荃
营销编辑:	刘晓晨　王　凤
封面设计:	蒋宏工作室
版式设计:	李　洁
出　　版:	湖南文艺出版社
	(长沙市雨花区东二环一段 508 号　邮编:410014)
网　　址:	www.hnwy.net
印　　刷:	北京中科印刷有限公司
经　　销:	新华书店
开　　本:	889mm×1194mm　1/32
字　　数:	232 千字
印　　张:	9.75
版　　次:	2020 年 11 月第 1 版
印　　次:	2020 年 11 月第 1 次印刷
书　　号:	ISBN 978-7-5404-9737-8
定　　价:	58.00 元

若有质量问题,请致电质量监督电话:010-59096394
团购电话:010-59320018

"宝贝棒棒" 成长周计划

行为习惯					
星期一	☆	☆	☆	☆	☆
星期二	◇	◇	◇	◇	◇
星期三	○	○	○	○	○
星期四	👍	👍	👍	👍	👍
星期五	♛	♛	♛	♛	♛
星期六	♡	♡	♡	♡	♡
星期日	☁	☁	☁	☁	☁

周目标:

周总计:

宝宝心愿单:

家长评语:

"宝贝棒棒" 成长周计划

周目标：

周总计：

行为习惯	星期一	星期二	星期三	星期四	星期五	星期六	星期日
	☆	◇	◯	👍	♛	♡	☁
	☆	◇	◯	👍	♛	♡	☁
	☆	◇	◯	👍	♛	♡	☁
	☆	◇	◯	👍	♛	♡	☁
	☆	◇	◯	👍	♛	♡	☁

家长评语：

宝宝心愿单：

"宝贝棒棒"成长周计划

行为习惯					
星期一	☆	☆	☆	☆	☆
星期二	◇	◇	◇	◇	◇
星期三	❁	❁	❁	❁	❁
星期四	👍	👍	👍	👍	👍
星期五	♛	♛	♛	♛	♛
星期六	♡	♡	♡	♡	♡
星期日	☁	☁	☁	☁	☁

周目标:

周总计:

宝宝心愿单:

家长评语:

第7个月

"宝贝棒棒" 成长周计划

周目标：

周总计：

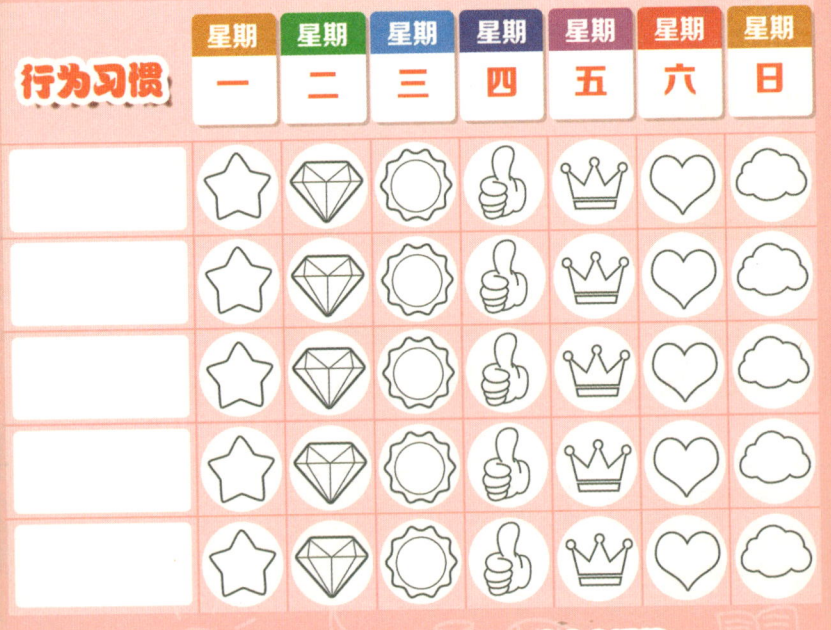

行为习惯	星期一	星期二	星期三	星期四	星期五	星期六	星期日
	☆	◇	○	👍	♕	♡	☁
	☆	◇	○	👍	♕	♡	☁
	☆	◇	○	👍	♕	♡	☁
	☆	◇	○	👍	♕	♡	☁
	☆	◇	○	👍	♕	♡	☁

家长评语：

宝宝心愿单：

"宝贝棒棒" 成长周计划

行为习惯					
星期一	☆	☆	☆	☆	☆
星期二	♦	♦	♦	♦	♦
星期三	○	○	○	○	○
星期四	👍	👍	👍	👍	👍
星期五	♛	♛	♛	♛	♛
星期六	♡	♡	♡	♡	♡
星期日	☁	☁	☁	☁	☁

周目标:

周总计:

宝宝心愿单:

家长评语:

"宝贝棒棒" 成长周计划

周目标：

周总计：

行为习惯	星期一	星期二	星期三	星期四	星期五	星期六	星期日
	☆	◇	○	👍	♛	♡	☁
	☆	◇	○	👍	♛	♡	☁
	☆	◇	○	👍	♛	♡	☁
	☆	◇	○	👍	♛	♡	☁
	☆	◇	○	👍	♛	♡	☁

家长评语：

宝宝心愿单：

"宝贝棒棒" 成长周计划

行为习惯					
星期一	☆	☆	☆	☆	☆
星期二	◇	◇	◇	◇	◇
星期三	○	○	○	○	○
星期四	👍	👍	👍	👍	👍
星期五	♛	♛	♛	♛	♛
星期六	♡	♡	♡	♡	♡
星期日	☁	☁	☁	☁	☁

周目标：

周总计：

宝宝心愿单：

家长评语：

第 6 个月

"宝贝棒棒"成长周计划

周目标：

周总计：

行为习惯	星期一	星期二	星期三	星期四	星期五	星期六	星期日
	☆	◇	◯	👍	♛	♡	☁
	☆	◇	◯	👍	♛	♡	☁
	☆	◇	◯	👍	♛	♡	☁
	☆	◇	◯	👍	♛	♡	☁
	☆	◇	◯	👍	♛	♡	☁

家长评语：

宝宝心愿单：

"宝贝棒棒" 成长周计划

行为习惯					
星期一	☆	☆	☆	☆	☆
星期二	♦	♦	♦	♦	♦
星期三	◯	◯	◯	◯	◯
星期四	👍	👍	👍	👍	👍
星期五	♛	♛	♛	♛	♛
星期六	♡	♡	♡	♡	♡
星期日	☁	☁	☁	☁	☁

周目标:

周总计:

宝宝心愿单:

家长评语:

"宝贝棒棒" 成长周计划

周目标：

周总计：

行为习惯	星期一	星期二	星期三	星期四	星期五	星期六	星期日
🏅	☆	◇	○	👍	♛	♡	☁
🏅	☆	◇	○	👍	♛	♡	☁
🏅	☆	◇	○	👍	♛	♡	☁
🏅	☆	◇	○	👍	♛	♡	☁
🏅	☆	◇	○	👍	♛	♡	☁

家长评语：

宝宝心愿单：

"宝贝棒棒" 成长周计划

行为习惯					
星期一	☆	☆	☆	☆	☆
星期二	♦	♦	♦	♦	♦
星期三	❁	❁	❁	❁	❁
星期四	👍	👍	👍	👍	👍
星期五	♛	♛	♛	♛	♛
星期六	♡	♡	♡	♡	♡
星期日	☁	☁	☁	☁	☁

周目标：

周总计：

宝宝心愿单：

家长评语：

第 5 个月

"宝贝棒棒" 成长周计划

周目标:

周总计:

行为习惯	星期一	星期二	星期三	星期四	星期五	星期六	星期日
	☆	◇	◎	👍	♛	♡	☁
	☆	◇	◎	👍	♛	♡	☁
	☆	◇	◎	👍	♛	♡	☁
	☆	◇	◎	👍	♛	♡	☁
	☆	◇	◎	👍	♛	♡	☁

家长评语:

宝宝心愿单:

"宝贝棒棒" 成长周计划

行为习惯					
星期一	☆	☆	☆	☆	☆
星期二	♦	♦	♦	♦	♦
星期三	◯	◯	◯	◯	◯
星期四	👍	👍	👍	👍	👍
星期五	♛	♛	♛	♛	♛
星期六	♡	♡	♡	♡	♡
星期日	☁	☁	☁	☁	☁

周目标：

周总计：

宝宝心愿单：

家长评语：

"宝贝棒棒" 成长周计划

周目标：

周总计：

行为习惯	星期一	星期二	星期三	星期四	星期五	星期六	星期日
	☆	◇	❀	👍	♛	♡	☁
	☆	◇	❀	👍	♛	♡	☁
	☆	◇	❀	👍	♛	♡	☁
	☆	◇	❀	👍	♛	♡	☁
	☆	◇	❀	👍	♛	♡	☁

家长评语：

宝宝心愿单：

"宝贝棒棒" 成长周计划

行为习惯					
星期一	☆	☆	☆	☆	☆
星期二	◇	◇	◇	◇	◇
星期三	❀	❀	❀	❀	❀
星期四	👍	👍	👍	👍	👍
星期五	♛	♛	♛	♛	♛
星期六	♡	♡	♡	♡	♡
星期日	☁	☁	☁	☁	☁

周目标：

周总计：

宝宝心愿单：

家长评语：

第 4 个月

"宝贝棒棒" 成长周计划

周目标：

周总计：

行为习惯	星期一	星期二	星期三	星期四	星期五	星期六	星期日
	☆	◇	◯	👍	♛	♡	☁
	☆	◇	◯	👍	♛	♡	☁
	☆	◇	◯	👍	♛	♡	☁
	☆	◇	◯	👍	♛	♡	☁
	☆	◇	◯	👍	♛	♡	☁

家长评语：

宝宝心愿单：

"宝贝棒棒" 成长周计划

行为习惯					
星期一	☆	☆	☆	☆	☆
星期二	♦	♦	♦	♦	♦
星期三	◯	◯	◯	◯	◯
星期四	👍	👍	👍	👍	👍
星期五	♔	♔	♔	♔	♔
星期六	♡	♡	♡	♡	♡
星期日	☁	☁	☁	☁	☁

周目标：

周总计：

宝宝心愿单：

家长评语：

"宝贝棒棒" 成长周计划

周目标：

周总计：

行为习惯	星期一	星期二	星期三	星期四	星期五	星期六	星期日
	☆	◇	○	👍	♔	♡	☁
	☆	◇	○	👍	♔	♡	☁
	☆	◇	○	👍	♔	♡	☁
	☆	◇	○	👍	♔	♡	☁
	☆	◇	○	👍	♔	♡	☁

家长评语：

宝宝心愿单：

"宝贝棒棒" 成长周计划

行为习惯					
星期一	☆	☆	☆	☆	☆
星期二	◇	◇	◇	◇	◇
星期三	✿	✿	✿	✿	✿
星期四	👍	👍	👍	👍	👍
星期五	♛	♛	♛	♛	♛
星期六	♡	♡	♡	♡	♡
星期日	☁	☁	☁	☁	☁

周目标：

周总计：

宝宝心愿单：

家长评语：

第3个月

"宝贝棒棒" 成长周计划

周目标:

周总计:

行为习惯	星期一	星期二	星期三	星期四	星期五	星期六	星期日
	☆	◇	◯	👍	♛	♡	☁
	☆	◇	◯	👍	♛	♡	☁
	☆	◇	◯	👍	♛	♡	☁
	☆	◇	◯	👍	♛	♡	☁
	☆	◇	◯	👍	♛	♡	☁

家长评语:

宝宝心愿单:

"宝贝棒棒" 成长周计划

行为习惯					
星期一	☆	☆	☆	☆	☆
星期二	◇	◇	◇	◇	◇
星期三	❁	❁	❁	❁	❁
星期四	👍	👍	👍	👍	👍
星期五	♛	♛	♛	♛	♛
星期六	♡	♡	♡	♡	♡
星期日	☁	☁	☁	☁	☁

周目标：

周总计：

宝宝心愿单：

家长评语：

"宝贝棒棒" 成长周计划

周目标：

周总计：

行为习惯	星期一	星期二	星期三	星期四	星期五	星期六	星期日
🏅	☆	◇	○	👍	♛	♡	☁
🏅	☆	◇	○	👍	♛	♡	☁
🏅	☆	◇	○	👍	♛	♡	☁
🏅	☆	◇	○	👍	♛	♡	☁
🏅	☆	◇	○	👍	♛	♡	☁

家长评语：

宝宝心愿单：

"宝贝棒棒" 成长周计划

行为习惯					
星期一	☆	☆	☆	☆	☆
星期二	♦	♦	♦	♦	♦
星期三	◯	◯	◯	◯	◯
星期四	👍	👍	👍	👍	👍
星期五	♛	♛	♛	♛	♛
星期六	♡	♡	♡	♡	♡
星期日	☁	☁	☁	☁	☁

周目标：

周总计：

宝宝心愿单：

家长评语：

第 2 个月

"宝贝棒棒" 成长周计划

周目标：

周总计：

行为习惯	星期一	星期二	星期三	星期四	星期五	星期六	星期日
	☆	◇	◯	👍	♛	♡	☁
	☆	◇	◯	👍	♛	♡	☁
	☆	◇	◯	👍	♛	♡	☁
	☆	◇	◯	👍	♛	♡	☁
	☆	◇	◯	👍	♛	♡	☁

家长评语：

宝宝心愿单：

"宝贝棒棒" 成长周计划

行为习惯					
星期一	☆	☆	☆	☆	☆
星期二	◇	◇	◇	◇	◇
星期三	❀	❀	❀	❀	❀
星期四	👍	👍	👍	👍	👍
星期五	♛	♛	♛	♛	♛
星期六	♡	♡	♡	♡	♡
星期日	☁	☁	☁	☁	☁

周目标:

周总计:

宝宝心愿单:

家长评语:

"宝贝棒棒" 成长周计划

周目标：

周总计：

行为习惯	星期一	星期二	星期三	星期四	星期五	星期六	星期日
	☆	♦	○	👍	♛	♡	☁
	☆	♦	○	👍	♛	♡	☁
	☆	♦	○	👍	♛	♡	☁
	☆	♦	○	👍	♛	♡	☁
	☆	♦	○	👍	♛	♡	☁

家长评语：

宝宝心愿单：

"宝贝棒棒" 成长周计划

行为习惯	早晚刷牙	勤洗手	不挑食	少看电视	自己穿衣服
星期一	☆	☆	☆	☆	☆
星期二	◇	◇	◇	◇	◇
星期三	❀	❀	❀	❀	❀
星期四	👍	👍	👍	👍	👍
星期五	♛	♛	♛	♛	♛
星期六	♡	♡	♡	♡	♡
星期日	☁	☁	☁	☁	☁

周目标：

周总计：

宝宝心愿单：

家长评语：

第 1 个月

"宝贝棒棒" 成长周计划

周目标：

周总计：

行为习惯	星期一	星期二	星期三	星期四	星期五	星期六	星期日
多吃果蔬	☆	◇	○	👍	♔	♡	☁
早睡早起	☆	◇	○	👍	♔	♡	☁
读一本书	☆	◇	○	👍	♔	♡	☁
自己收玩具	☆	◇	○	👍	♔	♡	☁
帮忙做家务	☆	◇	○	👍	♔	♡	☁

家长评语：

宝宝心愿单：

小贴士

积分制是我家娃从小用到大的习惯养成法,效果立竿见影,快来试试吧!

⭐1

把你希望孩子养成的好习惯,写在"行为习惯"栏中,比如"独立完成作业""每天读一本书""早睡早起"等等。

⭐2

孩子做到一项,就奖励孩子一枚勋章,让孩子涂色。

⭐3

你可以自己设定兑换规则,比如每个勋章计2分,每周如果得到30个勋章,就是60分。

⭐4

积分可以用来兑换孩子想要的礼物。不同礼物根据价值,对应不同数量的积分。
比如我家娃最爱的乐高,可能需要100积分。

⭐5

积分要及时清零,让孩子把努力获得的分数,换成看得到的礼物,孩子会越来越有积极性,最后成为真正自律的孩子。

计划开始

Ready? Go!

宝贝姓名:＿＿＿＿＿＿＿＿＿＿

宝贝年龄:＿＿＿＿＿＿＿＿＿＿

宝贝性别:＿＿＿＿＿＿＿＿＿＿

计划开始时间:＿＿＿＿＿＿＿＿

宝贝棒棒的 好的养育 快乐成长手册

小小包麻麻